Der kalte Krieg

Grundriss

Vertiefungen

Anhang

Grundriss

Vorbemerkung

45 Jahre lang gab es das, was als Kalter Krieg in die Geschichte eingegangen ist. Von 1945 bis 1990/91 war die Welt in zwei Lager geteilt: Im Ost-West-Konflikt standen sich auf der einen Seite die westlichen Demokratien unter Führung der USA und auf der anderen Seite die kommunistischen Staaten unter Führung der Sowjetunion unversöhnlich gegenüber. Der amerikanische Journalist Walter Lippmann bezeichnete dies im Jahre 1947 in seinem gleichnamigen Buch als »The Cold War«. US-Präsidentenberater Bernard M. Baruch meinte im Juni 1947: »Russia is waging a cold war against us.« Der Begriff des Kalten Krieges an sich ist allerdings schon älter.

Dieser Krieg wurde mit geradezu »religiöser Intensität« geführt, wie das der amerikanische Historiker Arthur Schlesinger Jr. genannt hat. Er nahm schon bald apokalyptische Formen an. Der Besitz der Atomwaffen unterschied die »Siegermächte« von den übrigen Mächten. Das machte sie zu potentiellen Zerstörern der Welt, zeigte ihnen aber gleichzeitig die Grenzen zum Abgrund, die am Ende niemand überschritt. Lediglich »aus Versehen« geriet die Welt mehrfach an den Rand eines Atomkrieges.

Mit der Geschichte dieses Kalten Krieges hat sich die Forschung – insbesondere in den USA – seit Jahren intensiv beschäftigt. Mit am interessantesten war dabei die Frage, wie es zu dieser unversöhnlichen Konfrontation kommen konnte, wer folglich die Verantwortung für die »Teilung der Welt« trägt. Hatte man immer nur falsche Vorstellungen vom »anderen«? Führte also nur eine »Fehlperzeption« zum Kalten Krieg? Wann begann der Konflikt? Mit der Oktoberrevolution in Russland 1917? Und war dieser Konflikt unvermeidlich? War es nicht im Kern ein ideologischer Konflikt zwischen zwei fundamental unterschiedlichen Wirtschafts- und Gesellschaftssystemen, der ausgetragen werden musste und nur durch die Anti-Hitler-Koalition während des Zweiten Weltkrieges unterbrochen worden war? Wer ist dann verantwortlich für das Auseinanderbrechen dieser Koalition? Die aggressive, expansive Sowjetunion unter Josef Stalin, die den Westen zu einer Politik der Eindämmung des Kommunismus zwang?

So sahen das in den ersten zwanzig bis dreißig Jahren des Kalten Krieges die »Traditionalisten« unter den Historikern – bis der **Vietnamkrieg** ausbrach. Eine Reihe zumeist junger Historiker, die »Neue Linke«, revidierte dieses Geschichtsbild. Für diese »Revisionisten« war nämlich nicht mehr der totalitäre Herrschaftsanspruch des Kommunismus verantwortlich, sondern der amerikanische Kapitalismus. Inzwischen scheint das überholt. Mit neuen Quellen haben die »Postrevisionisten«, die »Realisten«, das Wort – und die nähern sich mehr und mehr den Traditionalisten an. Das Fazit lautet: Mit Stalin war der Kalte Krieg unvermeidlich. Der sowjetische Diktator sah die Welt durch die marxistisch-leninistische Brille: Die Sowjetunion war expansiv und aggressiv; Stalin unterstützte die kommunistischen Parteien, um das Nachkriegschaos auszunutzen; er unterstützte Mao im chinesischen Bürgerkrieg, billigte und unterstützte schließlich den Angriff Nordkoreas auf Südkorea und verhinderte dann einen Waffenstillstand. S. 91

Der Zusammenbruch der Sowjetunion 1990/91 war auch das Ende des Ost-West-Konfliktes. Wie dieser Konflikt entstand und wie er geführt wurde, wird im Folgenden auf der Basis neuester Quellen aus westlichen und östlichen Archiven dargestellt.

Von der Kooperation zur Konfrontation: USA, Großbritannien, Deutschland

Das Verhältnis der USA zur Sowjetunion war während des Krieges – oder zumindest bis zur Konferenz in Jalta im Februar 1945 – alles andere als schlecht. Das Gegenteil war eher der Fall, auch wenn Stalin im Zusammenhang mit der Errichtung der »Zweiten Front« immer wieder von den Westalliierten vertröstet worden war. Am Ende des Krieges waren von zehn gefallenen deutschen Soldaten neun an der Ostfront gefallen – ein Zeichen für die Gewichtung der Kriegsschauplätze. Bei den Planungen für die Nachkriegspolitik kann man in den USA zwei gegensätzliche Konzeptionen unterscheiden: Kooperation und Konfrontation. Die Vertreter beider Richtungen waren allerdings gleichermaßen von der Überlegenheit der amerikanischen Gesellschaftsordnung, des *american way of life*, überzeugt. Die eine Seite wurde von Präsident F. D. Roosevelt repräsentiert, der sein *grand design*, die Vorstellung von der »einen Welt«, realisieren wollte: Die USA und die Sowjetunion würden im friedlichen Wettbewerb miteinander stehen und künftige Auseinandersetzungen nicht auf militärischem, sondern primär auf politischem, ökonomischem und ideologischem Gebiet führen.

Im wachsenden Gegensatz zu dieser Richtung formierte sich 1944/45 eine zweite Gruppe mit einer anderen Konzeption. Die Vertreter dieser Richtung behaupteten, die Sowjetunion setze das Expansionsstreben der Zaren fort. Die Bereitschaft zur Kooperation mit Moskau würde als Schwäche gedeutet, eine Zusammenarbeit sei daher nur als Ergebnis einer harten Politik Washingtons möglich – die meisten waren allerdings davon überzeugt, dass eine Zusammenarbeit überhaupt nicht möglich war. Innerhalb kurzer Zeit – 1945 bis 1947 – wurde dies dann die neue US-Politik – mit weitreichenden Konsequenzen für alle Beteiligten.Ausgangspunkt war die Konferenz von Jalta, auf der Stalin immerhin die »Erklärung über das befreite Europa« unterschrieb, die noch einmal die Prinzipien der Atlantik-Charta bekräftigte, und das hieß freie Wahlen für die von der Naziherrschaft befreiten Völker. Was dann in Osteuropa entgegen den Absprachen von Jalta im Einflussbereich der Roten Armee geschah – »Säuberungen« in Bulgarien, Ablösung der Regierung in Rumänien, Verhaftung von Widerstandsführern in Polen, Schwierigkeiten bei der Bildung der Regierung in Polen, Errichtung von vier Wojwodschaften im Gebiet östlich von Oder-Neiße, etc –, führte zu einer Stärkung der so genannten Riga-Fraktion in Washington.

Zu diesem Zeitpunkt war bereits erkennbar, wer als eigentlicher Sieger aus dem Zweiten Weltkrieg hervorgegangen war: die Großmacht USA als *die* Weltmacht schlechthin. Drei Viertel des in der Welt investierten Kapitals und zwei Drittel ihrer Industriekapazität befanden sich in den USA. Das jährliche Einkommen pro Kopf der Bevölkerung lag bei fast 1500 Dollar, während es in keinem europäischen Land 800 Dollar überstieg. Zudem verfügte man schon bald über das Atommonopol. Schon ein Jahr vorher war man daher bemüht gewesen, Instrumente zur Neuordnung der Weltwirtschaft zu schaffen. Zu diesem Zweck hatte man bereits im Juli 1944 zu einer Konferenz nach Bretton Woods im US-Bundesstaat New Hampshire eingeladen. Dort verhandelten Delegierte von 44 Ländern, und am Ende wurden zwei Organisationen gegründet: die »Internationale Bank für Wiederaufbau und Entwicklung« (International Bank for Reconstruction and Development), kurz Weltbank, und der »Internationale Währungsfonds«. Sie wurden mit rund 15 Mrd. Dollar ausgestattet und zu einem wichtigen Steuerungselement in der internationalen Wirtschaftspolitik – unter Führung der USA. Am 27. Dezember 1945 traten die Beschlüsse von Bretton Woods in Kraft – ohne die Sowjetunion. Sie lehnte eine Teilnahme ab. Von nun an wurden Weltbank und Internationaler Währungsfonds zu Instrumenten im Kalten Krieg. Von einem möglichen US-Kredit in Milliardenhöhe war keine Rede mehr; die Unterlagen, so wurde dem Kreml mitgeteilt, seien verloren gegangen. Wenig erfreut waren die Sowjets auch darüber, dass Truman abrupt – wenn auch vertragskonform – die Lend-Lease-Lieferungen an sie gestoppt hatte. Schiffe mit entsprechenden Lieferungen hatten sogar umkehren müssen.

Noch aber gab es die Anti-Hitler-Koalition und die »Großen Drei« – Truman, Stalin, Churchill –, die sich im Juli in Potsdam zur letzten großen »Kriegskonferenz« trafen. Trotz der unterschwellig vorhandenen Spannungen, der vielfältigen Differenzen der Westalliierten mit den Sowjets und des zeitweise offen zutage tretenden Misstrauens – insbesondere Stalins gegenüber Truman und Churchill – gab es keine Milde gegenüber den Deutschen, auch nicht von Seiten der Westmächte. »Noch hasste und fürchtete der ganze Kontinent Deutschland mehr als Russland«, wie es Robert Murphy, der politische Berater des amerikanischen Oberbefehlshabers in Deutschland Dwight D. Eisenhower formulierte. Deutschland stand im Mittelpunkt der Konferenz, und da fand man noch so etwas wie einen Formelkompromiss. Dies sollte sich schon bald als Irrtum herausstellen, wie auf der Außenministerkonferenz im September in London deutlich wurde. In den Entwürfen für Friedensverträge mit Bulgarien, Rumänien und Ungarn, die die Sowjets vorlegten, konnten die Amerikaner kaum etwas finden, was ihren Vorstellungen entsprach.

Versuche von Außenminister James Byrnes, durch einen partiellen Kompromiss zu einem positiven Abschluss der Konferenz in London zu kommen, wurden vom Republikaner John Foster Dulles verhindert. In einem Gespräch unter vier Augen drohte er, die Republikanische Partei werde jeden Kompromiss in dieser Frage als Appeasement-Politik öffentlich bekämpfen. Truman stellte daraufhin am 27. Oktober in einer Rede in New York klar:

> »Wir werden es ablehnen, irgendeine Regierung anzuerkennen, die einem Volk von einer fremden Macht gewaltsam aufgezwungen wurde. In einigen Fällen mag es nicht möglich sein, das gewaltsa-

Potsdam, Juli 1945: Jene Akteure, die den Weg von der Kooperation zur Konfrontation beschreiten. Vordere Reihe (v. l. n. r.) Clement Attlee, Nachfolger Churchills als britischer Premierminister, neben ihm Harry S. Truman und Josef Stalin. Dahinter die Außenminister Ernest Bevin (Großbritannien), James Byrnes (USA) und Wjatscheslaw Molotow (Sowjetunion).

> me Oktroyieren einer solchen Regierung zu verhindern. Aber die Vereinigten Staaten werden diese Regierungen nicht anerkennen.«

Und gegenüber Byrnes betonte er am 5. Januar 1946 unmissverständlich:

> »Wenn man mit Russland nicht eine deutliche Sprache spricht und ihm nicht mit eiserner Faust entgegentritt, ist der nächste Krieg in Sicht. [...] Ich bin es leid, die Sowjets weiter zu hätscheln.«

Das war der Beginn eines Jahres, dessen Ende auch das Ende jeder Kooperation mit der Sowjetunion brachte. Von nun an ging es beinahe Schlag auf Schlag. Am 9. Februar 1946 hielt Stalin in Moskau eine Rede, in der er erneut die marxistische These vertrat, dass das kapitalistische System in sich selbst Elemente einer allgemeinen Krise und militärischer Zusammenstöße enthalte. Mit anderen Worten: Die von Stalin erwartete Wirtschaftskrise in den kapitalistischen Staaten würde nahezu gesetzmäßig zu Aufrüstung und Krieg führen. Im State Department wurde diese Rede als direkter Angriff auf die USA gewertet; für den Richter am Obersten Bundesgericht in Washington William O. Douglas war sie gar die »Erklärung zum Dritten Weltkrieg«.

Am 22. Februar schickte Kennan dann aus Moskau sein inzwischen berühmtes, 8000 Worte umfassendes »langes Telegramm« nach Washington. Für ihn war die sowjetische Außenpolitik militant, aggressiv und expansionistisch, kompromisslos, negativ und destruktiv; internationale Kooperation sei für die Sowjetunion nur ein Lippenbekenntnis, sie benutze die kommunistischen Parteien in Europa dazu, dem Weltkommunismus zum Sieg zu verhelfen; es gebe keinen *modus vivendi* mit der UdSSR.

Damit waren im Wesentlichen die konzeptionellen Voraussetzungen für die Truman-Doktrin und den **Marshallplan** S. 54 ein Jahr später geschaffen. Ganz in diesem Sinne sah Washington nun sowjetischen Expansionismus am Werk. Die Joint Chiefs of Staff meinten am 16. April 1946, der Kreml beabsichtige mit seiner Forderung, das ehemals italienische Tripolitanien unter seine Mandatsmacht zu stellen, die politischen Verbindungslinien durch das Mittelmeer nach dem Nahen und Mittleren Osten sowie nach Indien unter seine Kontrolle zu bekommen. Es handle sich um einen Präzedenzfall, um den sowjetischen Einfluss über die eigene Sicherheitszone hinaus auszudehnen. Ähnlich auch die Situation im Iran, wo Moskau eingegangene Verpflichtungen nicht einhielt, seine Truppen nicht abzog und stattdessen versuchte, einen kommunistischen Regierungschef zu installieren. Dies, so Truman zu Botschafter Harriman, »kann zum Krieg führen«. Erst nach massivem amerikanischen Druck kündigte Moskau am 25. März 1946 den Truppenabzug innerhalb der nächsten fünf oder sechs Wochen an.

Am 7. August deutete sich die nächste Krise an, als die sowjetische Regierung von der Türkei die Aufkündigung der Montreux-Konvention von 1936 forderte, in der der Türkei das Recht auf Kontrolle der Kriegsschifffahrt der Anrainerstaaten des Schwarzen Meeres in den Meerengen zugesprochen worden war. Dies würde, so der stellvertretende Außenminister Dean Acheson gegenüber Truman, zur sowjetischen Kontrolle über die Türkei führen, dies wiederum zur Kontrolle Griechenlands und des gesamten Mittleren Ostens, und damit würde der Sowjetunion geholfen, »ihre Ziele in Indien und China zu erreichen«. Die Sowjets würden von ihrem Vorhaben nur ablassen, wenn sie erführen, dass die USA »bereit sind, der Aggression nötigenfalls mit Waffengewalt zu begegnen«.

Für das Jahr 1946 war die *national security* zum Schlüsselbegriff der amerikanischen Außenpolitik und Militärstrategie geworden. Dazu gehört eines der wichtigsten und umfangreichsten Dokumente, das jahrzehntelang als *top secret* gehandelt wurde und vom Sonderberater Trumans Clark M. Clifford und seinem Assistenten George Elsey, Vertreter der Marine im Weißen Haus, stammt und um das Truman im Juli gebeten hatte. Unter der Überschrift »Sowjetische Aktivitäten, die die amerikanische Sicherheit beeinträchtigen« wurde so ziemlich alles aufgeführt, was man zu erwarten hatte. Die Autoren untersuchten jeden Aspekt der sowjetischen Politik nach dem Krieg und der sowjetisch-amerikanischen Beziehungen. Die Sowjetunion, so hieß es da, stelle eine echte Bedrohung für die Freiheit in dieser Welt, in Europa und in den Vereinigten Staaten dar: »Entsprechend müssen wir vorbereitet sein. Das Endziel der sowjetischen Militärpolitik ist es, an jedem Ort der Welt einen Angriffskrieg führen zu können.« Die Sowjetunion sei nur in begrenztem Maße verletzbar, da sich ihre Rohstoffquellen und Schlüsselindustrien über ein riesiges Territorium erstreckten. Zu treffen sei sie aber durch Atomwaffen und biologische Kriegführung sowie durch eine strategische Luftwaffe mit großer Reichweite. Es gehe also darum, dass die Vereinigten Staaten »darauf vorbereitet sein müssen, einen atomaren oder biologischen Krieg führen zu können, denn nur so sind wir stark genug, die Sowjetunion wirksam in Schach zu halten«. Die USA müssten entsprechend starke Streitkräfte unterhalten, um den sowjetischen Einfluss auf seine gegenwärtige Sphäre eindämmen zu können.

In dem Bericht wurde dafür allerdings noch nicht der Begriff *contain*, sondern *confine* verwendet. Es war Kennan, der – inzwischen in Washington – in einer Rede vor Mitarbeitern des State Department am 17. September 1946 erstmals das Wort *contain* benutzte.

Truman zog jedenfalls sofort alle Kopien des Clifford/Elsey-Memorandums ein: Begründung: »Das ist zu heiß.« Inzwischen waren die Anfänge des *containment* bereits überall zu erkennen. Im Zuge der Türkei-Krise hatte Truman den neuerbauten Flugzeugträger »Franklin D. Roosevelt« ins westliche Mittelmeer entsandt. Nach der Außenministerkonferenz in Paris im Juli 1946 hatte Arthur Vandenberg notiert: »Paris war das Gegenteil von München. [...] Kein München mehr! [...] Amerika muss sich verhalten wie die Weltmacht Nr. 1, die sie ist.« In Washington sah man die Sowjetunion auch indirekt auf Expansionskurs – mit Hilfe der kommunistischen Parteien. Mit Beunruhigung hatte man die Wahlergebnisse in Italien und Frankreich zur Kenntnis genommen. Die Wahlen in Frankreich wurden in einem Dokument des State Department vom 15. September 1946 als »Triumph einer Minorität in einer Minorität« bezeichnet, und weiter: »Das Weltdrama der russischen Expansion wird in Miniatur auf der Bühne in Frankreich gespielt.« Die USA müssten darauf hinarbeiten, dass wieder ein starkes Frankreich erstehe, das »als Bollwerk unserer Sicherheit dient, unseres Konzepts der Demokratie und unserer materiellen Interessen auf dem europäischen Kontinent«.

Die Rolle, die die Briten in den ersten Jahren des Kalten Krieges spielten, erscheint nach Durchsicht der britischen Akten in einem ganz anderen Licht, als das gemeinhin und lediglich nach Kenntnis der amerikanischen Quellen bekannt war. Der Kalte Krieg galt lange als Konfrontation allein zwischen den USA und der Sowjetunion; doch aus London kamen entscheidende Impulse.

Im Sommer 1944 ging es dabei um die Frage einer möglichen Zerstückelung Deutschlands. In Voraussicht zukünftiger Entwicklungen betrachteten die britischen Stabschefs schon sehr früh die Sowjetunion als möglichen neuen Gegner in Europa, und ein Zusammengehen ganz Deutschlands mit der Sowjetunion nach Kriegsende für Großbritannien als – so der Stabschef der Luftwaffe Charles Portal – »die größte Gefahr in unserer Geschichte«. Sie empfahlen daher die Zerstückelung Deutschlands in drei Staaten auf der Grundlage der Besatzungszonen, um zum einen die Wiederbewaffnung und eine erneute Aggression Deutschlands zu verhindern, zum anderen aber als »Rückversicherung gegen eine mögliche sowjetische Gefahr«. Im Foreign Office war man über diese Vorstellungen geradezu entsetzt; irgendwelche starren und willkürlich durch die Landschaft gezogenen Grenzen hielt man für absurd. Im Übrigen war man im Sommer 1944 noch davon überzeugt, dass die Beziehungen zur Sowjetunion für die nächsten zwanzig Jahre nur freundschaftlich sein konnten. Zusammenarbeit mit der Sowjetunion um beinahe jeden Preis, lautete daher die Devise. Schon bald sahen die Dinge anders aus: Der Stein des Anstoßes war zunächst Osteuropa. Die Sowjets weigerten sich, ihre auf der Konferenz von Jalta gegebenen Zusagen zu realisieren, in den osteuropäischen Staaten Wahlen durchführen zu lassen und die Regierungen von Bulgarien und Rumänien nach westlichen Demokratievorstellungen umzubilden. Polnische Exilpolitiker wurden verhaftet. Stalin betrachtete Osteuropa offensichtlich als seinen Herrschaftsbereich; und dies war anscheinend nur der Beginn einer umfassenden aggressiven und expansiven Politik der Sowjetunion.

Winston S. Churchill und US-Präsident Harry S. Truman im Sonderzug des Präsidenten auf dem Weg nach Fulton, Missouri, wo Churchill am 5. März 1946 die berühmte »Eiserner Vorhang«-Rede hält. Stalin bezeichnet ihn daraufhin als Kriegshetzer.

In Moskau analysierten Frank Roberts und sein Freund George F. Kennan die sowjetische Politik, in deren Beurteilung sie einig waren. Roberts, der seit der Konferenz von Jalta im Ministerrang an der britischen Botschaft in Moskau tätig war, hatte bereits im März für ein Umdenken plädiert. Die Sowjetunion müsse als eine Macht gesehen werden, »die für unser Land potentiell genauso gefährlich ist wie Deutschland vor 1939«. Die Annahme, dass Moskau sich mit dem zufrieden geben werde, was es erreicht habe, sei »Wunschdenken, solange die Politik des Kreml von jenen rücksichtslosen und hinterlistigen Personen bestimmt wird, die im Politbüro sitzen und denen nicht zu trauen ist«, kabelte er nach London. Bekannt ist George F. Kennans »langes Telegramm«; weniger bekannt waren lange Zeit die zahlreichen Telegramme und umfangreichen Memoranden, die Roberts im Oktober/November 1945 bis Anfang 1946 an das Foreign Office schickte. Für ihn war die sowjetische Politik »alarmierend«. Die Sowjetunion nahm seiner Meinung nach keine Rücksicht auf die Verbündeten und auf bestehende vertragliche Verpflichtungen; ihre Politik richte sich gegen lebenswichtige britische Interessen. Kurz: »Wir werden überall zur gleichen Zeit angegriffen.« Moskau, so lautete die Interpretation,

> »will vom Nachkriegschaos in Europa und der Welt profitieren. Es verfolgt die gleiche national-imperialistische Politik wie Iwan der Schreckliche, Peter der Große oder Katharina die Große, wobei hinzukommt, dass die Führer im Kreml nicht nur nicht an die gleichen Werte wie die der westlichen Demokratien glauben, sondern dazu auch absolut unfähig sind.«

Diese Berichte aus Moskau stießen in London auf uneingeschränkte Zustimmung. Dort war man von der neuen »russischen Gefahr« überzeugt. Am 10. April fasste dies Außenminister Ernest Bevin in einem Schreiben an Premierminister Clement Attlee folgendermaßen zusammen:

> »Die Russen haben sich für eine aggressive Politik entschieden, die sich auf militanten Kommunismus und russischen Chauvinismus gründet. Sie schrecken offensichtlich vor nichts zurück und gehen bis an den Rand des Krieges, um ihre Ziele zu erreichen. Gegenwärtig richtet sich die aggressive Politik Russlands eindeutig gegen unser Land.«

Noch schienen die USA abseits zu stehen. Churchill blieb es vorbehalten, sie auf die neue Gefahr aufmerksam zu machen. In Absprache mit Bevin und Attlee hielt er am 5. März 1946 in Fulton, Missouri, jene berühmte Rede, in der er zum ersten Mal öffentlich den

Begriff »Eiserner Vorhang« verwendete: »Von Stettin an der Ostsee bis Triest an der Adria ist ein eiserner Vorhang über den Kontinent heruntergegangen.« Die Russen wollten zwar keinen Krieg, aber »sie wollen die Früchte des Krieges für sich und die unbegrenzte Ausweitung ihrer Macht und ihrer Ideologie«. Und da sie nichts mehr bewunderten als Macht, müssten sich die Englisch sprechenden Völker zu einer dauerhaften militärischen Allianz zusammentun. Durch die Anwesenheit Trumans erhielt die Veranstaltung in Fulton besonderes Gewicht. Churchill hatte das ausgesprochen, was viele in Washington dachten, aber öffentlich noch nicht sagten. Gemäßigte Kongressabgeordnete kritisierten Churchill sogar.

Stalin griff Churchill gleich in zwei öffentlichen Reden massiv an und bezeichnete ihn als »unverbesserlichen Tory«; seine Rede von den Englisch sprechenden Nationen erinnere ihn an Hitlers Anspruch der überlegenen arischen Rasse. Gleichzeitig betonte er, die Völker wollten keinen neuen Krieg, sondern Frieden. Die Öffentlichkeit und die »herrschenden Kreise« im Ausland rief er dazu auf, »Kriegstreiber« wie Churchill in die Schranken zu weisen.

Deutschland hat den Kalten Krieg nicht ausgelöst, wurde aber schon bald zu seinem Hauptschauplatz. Selbst in der Niederlage war Deutschland der Schlüssel für die Zukunft Europas. Wer Deutschland beherrschte, beherrschte Europa. Wie sollte unter diesen Umständen der Friede organisiert werden? Einig waren sich Amerikaner, Briten und Sowjets im Prinzip darüber, dass Deutschland nie wieder zu einer Bedrohung für den Weltfrieden werden durfte, dass die Kriegsindustrie zerstört, der Nationalismus und der deutsche Militarismus ausgerottet, die Kriegsverbrecher bestraft, das deutsche Volk »umerzogen« und für die Kriegsschäden Reparationen geleistet werden sollten.

Aber sollte Deutschland auch als Einheit erhalten bleiben, oder war es besser, es in unabhängige Einzelstaaten zu zerstückeln? Oder sollte es gar in einen »Agrarstaat« zurückverwandelt werden, wie US-Finanzminister Henry Morgenthau meinte?

Zunächst einmal sollte Deutschland in Besatzungszonen eingeteilt werden. Die Briten legten am 15. Januar 1944 einen entsprechenden Plan vor. Prophetisch erkannte damals der Vorsitzende des britischen Planungsausschusses Gladwyn Jebb:

> »Diese Karte, in diesem Moment vorgelegt, wird sich möglicherweise als besonders bedeutend für die zukünftige Geschichte Europas erweisen.«

Er sollte Recht behalten: Was lediglich als Demarkationslinie gegenüber der von den Sowjets zu besetzenden Zone für eine Übergangsphase gedacht war, wurde später zu jener Grenze, die Deutschland in zwei Staaten und Europa in zwei Blöcke spaltete.

Ende 1945, Anfang 1946 wurde erkennbar, dass bei dem von Frank Roberts diagnostizierten »Angriff der Sowjetunion an allen diplomatischen Fronten« Deutschland eine dieser Fronten und damit ein entscheidender Faktor im ausbrechenden Kalten Krieg war. Im Frühjahr 1946 führte die »russische Gefahr« mit der Möglichkeit, »Russen am Rhein« zu sehen, in London zur grundlegenden Wende der britischen Deutschland- und Außenpolitik. An deren Ende stand die Spaltung Deutschlands entlang der Elbe. Dies wurde bewusst in Kauf genommen. Westdeutschland sollte nun als »Bollwerk gegen den Kommunismus« auf- und ausgebaut werden. Voraussetzung für den Erfolg dieser Politik war die »vollständige und dauernde Unterstützung der USA«. Die Amerikaner in Deutschland waren dazu noch nicht bereit. Anders die amerikanischen Vertreter in Moskau. Kennan wiederholte am 6. März, was er bereits nach Potsdam geschrieben hatte: keine deutschen Zentralverwaltungen, sondern politische Organisation der Westzonen. Die Sowjetunion werde zentralen Verwaltungen nur zustimmen, wenn sie damit Einfluss auf die Westzonen gewinnen könne und ihre Politik in der eigenen Zone nicht gefährdet werde. US-Botschafter Bedell Smith war der gleichen Meinung.

Für die weitere Entwicklung kam der Außenministerkonferenz in Paris im Frühjahr 1946 eine große Bedeutung zu. Es ging um die Beantwortung jener Frage, die US-Außenminister James Byrnes seinem französischen Kollegen Georges Bidault im April 1946 in Paris stellte, nämlich: »Was wollen die Russen? Sicherheit oder Expansion?« Byrnes wollte die sowjetischen Intentionen auf der anstehenden Konferenz testen, und zwar mit dem Vorschlag, Deutschland für 25 Jahre zu entmilitarisieren. Der sowjetische Außenminister Molotow sorgte auf seine Art für Klärung. Er lehnte sämtliche westlichen Vorschläge, unter anderem auch die Wiederherstellung der wirtschaftlichen Einheit Deutschlands, kompromisslos ab. Offensichtlich erhofften sich die Sowjets von der Beibehaltung des Status quo größere Vorteile. Außenminister Bevin hatte keine Hoffnung mehr, dass sich bei den Sowjets etwas bewegen würde, solange dort »die Molotow-Mentalität« herrsche, wie er die sowjetische Politik einem ehemaligen Mitarbeiter gegenüber bezeichnete. Man könne sich noch so sehr um einen Kompromiss und um den Frieden bemühen, mit Blick auf die Sowjetunion sei alles umsonst: »Es ist eine Diktatur schlimmster Art.«

Ein Ergebnis der Konferenz war der Beschluss von Briten und Amerikanern, ihre Besatzungszonen zusammenzulegen, »unter Ausschluss der russischen Zone«, wie Byrnes seinem Kollegen Bevin zu verstehen gab. Dass das möglicherweise die Spaltung Deutschlands bedeuten würde, war auch klar. Allerdings wurde dies mit der Politik der Sowjets in deren Besatzungszone gerechtfertigt, die, wie es im Foreign Office hieß, »praktisch auf die Errichtung eines separaten Staates hinausläuft«.

Containment: Truman-Doktrin, Marshallplan und Berlinblockade

Was sich 1946 bereits abzeichnete, trat im Laufe des Jahres 1947 in aller Schärfe auch öffentlich zutage: Angesichts der rigorosen sowjetischen Politik in Osteuropa und der Unmöglichkeit, sich in Deutschland – und übrigens auch in Korea – auf ein gemeinsames Vorgehen zu einigen, konzentrierten sich die Westmächte und die Sowjetunion zunehmend darauf, ihren jeweiligen Herrschaftsbereich zu stabilisieren. Die USA und Großbritannien sahen keine Chance mehr für Kompromisse. 1947 stand im Zeichen wachsender Ost-West-Spannungen, der Kalte Krieg brach nun offen aus. Die kommunistischen Parteien wurden aus Washingtoner Sicht nun mehr und mehr zu »Werkzeugen Moskaus«, zur Speerspitze der sowjetischen Expansion.

In diesem Sinne erklärte Dean Acheson am 27. Februar 1947 vor führenden Mitgliedern des Kongresses, die Sowjetunion könne in Frankreich jederzeit zuschlagen, aber eben auch in Griechenland und der Türkei. Ein Akzeptieren der sowjetischen Vorschläge mit Blick auf die Türkei bedeute das »Ende der türkischen Unabhängigkeit«. Zur Zeit konzentriere sich die sowjetische Politik aber auf Griechenland. Ohne schnelle und großzügige Hilfe, die Großbritannien nicht mehr leisten konnte, wie die britische Regierung mitgeteilt hatte, würden die Kommunisten dort wahrscheinlich innerhalb weniger Wochen die Macht übernehmen. Und dann kam das, was Eisenhower erst Jahre später als »Dominotheorie« bezeichnete: Sollten die Türkei, Griechenland oder Iran unter sowjetische Kontrolle geraten, so würden deren Nachbarstaaten unweigerlich folgen. Die Sowjetunion strebe die Kontrolle über das östliche Mittelmeer und den Mittleren Osten an. Habe sie dieses Ziel erreicht, werde die Durchdringung Südasiens und Afrikas folgen. Ernsthaft bedroht seien auch Deutschland, Frankreich und Österreich. Falls die westliche Welt Griechenland und das östliche Mittelmeer aufgebe, werde das verheerende Folgen für alle anderen europäischen Länder haben.

Acheson fuhr fort: Seit den Auseinandersetzungen zwischen Rom und Karthago habe es keine solche Polarisation der Macht mehr gegeben wie gegenwärtig zwischen den USA und der Sowjetunion. Dabei stünden die Vereinigten Staaten für »Demokratie und individuelle Freiheit«, die Sowjetunion für »Diktatur und absolute Konformität«. Es gebe keinen Zweifel, dass die Sowjetunion »aggressiv und expansionistisch« sei. Diejenigen Länder zu unterstützen, die von der sowjetischen Aggression bedroht seien, bedeute, »die Sicherheit der Vereinigten Staaten zu gewährleisten« und »die Freiheit zu garantieren«. Die Sicherheit der USA und die Erhaltung der Freiheit machten es erforderlich, »freie Völker gegen kommunistische Aggression und Subversion zu stärken«.

Das war die Grundlage für die Rede, die Truman am 12. März 1947 vor beiden Häusern des Kongresses hielt und die als Truman-Doktrin in die Geschichte des Ost-West-Konfliktes eingegangen ist: das Angebot der USA, »die freien Völker zu unterstützen, die sich der Unterwerfung durch bewaffnete Minderheiten oder dem Druck von außen widersetzen«.

Am 5. Juni hielt George C. Marshall an der Harvard-Universität eine entsprechende Rede, in der er umfassende amerikanische Wirtschaftshilfe für Europa anbot. Einzige Voraussetzung: Die europäischen Staaten mussten sich auf ein gemeinsames Wirtschaftsprogramm einigen, um die geplante Hilfe der amerikanischen Regierung wirksam zu verteilen. Die Begründung für die Truman-Doktrin und den S. 54 **Marshallplan** lieferte George F. Kennan noch einmal 1947 in einem inzwischen berühmten mit »X« gekennzeichneten Artikel über die Ursachen des sowjetischen Verhaltens. Er beschrieb darin in klassisch-einfacher Weise die Gründe für das seiner Meinung nach unersättliche Machtstreben der Sowjetunion und wie man dem begegnen müsse, nämlich mit *Containment* = Eindämmung.

Als Molotow am 2. Juli auf der Marshallplankonferenz in Paris die endgültige Weigerung der sowjetischen Führung bekannt gab, sich zu beteiligen, flüsterte Bevin seinem Privatsekretär Pierson Dixon zu: »Dies ist die Geburtsstunde des Westblocks.«

Die westlichen Befürchtungen schienen durch die sowjetische Reaktion mehr als gerechtfertigt. Was bereits 1945 – noch nicht unter dem Druck eskalierender Ost-West-Spannungen – begonnen und seit dem Frühjahr 1946 eine erste Steigerung erfahren hatte, wurde nun mit brutaler Entschlossenheit zu Ende geführt: die Zerstörung der bürgerlichen, sozialistischen und sozialdemokratischen Parteien Osteuropas und die Machtübernahme durch die Kommunisten dort.

Im Westen wurde die Sowjetunion für die nun eintretende Blockbildung verantwortlich gemacht. Stalin zwang die osteuropäischen Staaten zum Verzicht auf die Marshallplanhilfe – auch Polen und die Tschechoslowakei, die ihre Teilnahme schon zugesagt hatten – und reagierte im September mit der Gründung des Kommunistischen Informationsbüros Kominform. Die Gründungsresolution und die programmatische Rede, die Andrej Shdanow, Mitglied des Politbüros der KPdSU und einer der engsten Vertrauten Stalins, auf der Gründungskonferenz hielt, markierten eindeutig und unmissverständlich Stalins Theorie von der Teilung der Welt in zwei feindliche Lager: auf der einen Seite das »antiimperialistische und demokratische Lager«, mit dem Hauptziel »Untergang des Imperialismus, Festigung der Demokratie und Liquidierung der Überreste des Faschismus«, auf der anderen Seite das »imperialistische, antidemokratische Lager« mit dem Hauptziel »Weltherrschaft des amerikanischen Imperialismus und Zerschlagung der Demokratie«. Ein Krieg zwischen diesen beiden Lagern sei nur eine Frage der Zeit.

Am 26. September 1947 – die Gründungskonferenz des Kominform lief noch – legte die soeben gegründete CIA in Washington ihren ersten »Überblick über die Weltsituation im Hinblick auf die Sicherheit der Vereinigten Staaten« vor, einen Bericht, der von nun an regelmäßig im Abstand von wenigen Wochen geliefert wurde. Das Leitmotiv lautete: »Von allen fremden Mächten ist allein die Sowjetunion in der Lage, die Sicherheit der Vereinigten Staaten zu bedrohen.« Mit ihren starken Landstreitkräften könne die Sowjetunion in kurzer Zeit Kontinentaleuropa, den Nahen Osten, den Norden Chinas und ganz Korea erobern. Da sie aber nicht über die entsprechenden

See- und Luftstreitkräfte verfüge, sei sie außerstande, einen direkten Angriff auf die Vereinigten Staaten oder überhaupt größere militärische Operationen außerhalb Europas und Asiens durchzuführen. Daraus zog die CIA den Schluss, es sei »unwahrscheinlich, dass die Sowjetunion unter den gegebenen Umständen zu einer offenen militärischen Aggression greifen« werde.

Ähnlich auch Außenminister Marshall in einer Kabinettssitzung am 6. November: »Ich meine, daß die Gefahr eines Krieges in vielen Kreisen übertrieben wird. Die Sowjetregierung wünscht in absehbarer Zukunft keinen Krieg mit uns, noch erwartet sie einen solchen.« Im Bericht der CIA hieß es allerdings auch, die eigentliche Gefahr für die Sicherheit der USA liege »in der Möglichkeit eines ökonomischen Zusammenbruchs von Westeuropa und einer sich daraus ergebenden Machtübernahme durch Elemente, die dem Kreml hörig sind«. Unter der Maßgabe, die Sowjetunion einzudämmen und das Kräfteverhältnis zu deren Ungunsten zu verändern, müssten die USA von den folgenden Prioritäten ausgehen: 1. Westeuropa, 2. der Nahe und Mittlere Osten und 3. der Ferne Osten – zumal in der Tschechoslowakei keine sowjetischen Truppen stationiert waren.

Der Putsch in Prag am 25. Februar 1948 schien dann alle Befürchtungen zu bestätigen. Ein Krieg schien jetzt nicht mehr ausgeschlossen. Die Briten steigerten sich in eine geradezu hysterische Kommunistenfurcht hinein, die stärker als jemals zuvor ihre gesamte Außenpolitik beherrschte. Bevin sprach im Kabinett von einer »Bedrohung der westlichen Zivilisation« durch die Sowjetunion. Der Kreml schicke sich nunmehr an, das restliche Europa sowie den Mittleren und Fernen Osten zu erobern, »mit anderen Worten, das Ziel des Politbüros ist die Herrschaft über Eurasien und letztlich die Weltherrschaft – nicht mehr und nicht weniger«.

Den Ausweg sah Bevin in der Bildung einer echten Einheitsfront aller demokratischen Staaten und im beschleunigten ökonomischen Wiederaufbau Westeuropas. Würde dies nicht geschehen, würden die Sowjets schon in den nächsten Monaten oder sogar Wochen politische und strategische Vorteile erringen, »und die große kommunistische Maschinerie in Bewegung setzen, was entweder zur Errichtung einer Weltdiktatur oder – wahrscheinlicher – zum Zusammenbruch der bestehenden Gesellschaftsstruktur in weiten Teilen der Welt führen wird«. Prag 1948 glich München 1938. »Wir sind in genau der gleichen Situation wie Großbritannien und Frankreich 1938/39 in bezug auf Hitler«, schrieb Truman am 3. März an seine Tochter Margaret. Und weiter: »Es sieht nicht gut aus. Es muss eine Entscheidung getroffen werden, und ich werde sie treffen.« Am 5. März war die Kriegsfurcht greifbar. Der amerikanische Militärgouverneur in Deutschland, Lucius D. Clay, sprach von einer »veränderten Haltung« bei den Sowjets; der Krieg könne jederzeit »urplötzlich« ausbrechen. Truman fragte Marshall: »Wird Russland anfangen? Wer wird als Erster schießen? Und was dann?« Am 15. März hieß es im Magazin »Time«: »Die Sache ist jetzt doch ganz klar: Dollars alleine können die Russen nicht stoppen.« Die Washington Post hatte auf der Titelseite eine Europakarte mit den von den Sowjets beherrschten Ländern unter der Schlagzeile »What next?«, Pfeile zeigten auf Italien, Frankreich, Finnland und Österreich.

Eine erste Gegenmaßnahme des Westens war am 17. März die Unterzeichnung des Brüsseler Paktes: Großbritannien, Frankreich und die drei Beneluxstaaten schufen ein gemeinsames, ständiges Beratungsgremium und versicherten sich des gegenseitigen Beistandes gegen jeden Angriff von außen. Gleichzeitig wurden Gespräche mit den USA aufgenommen, an deren Ende im April 1949 die Gründung der NATO stand.

Am 30. März 1948 analysierte der Nationale Sicherheitsrat der USA die neue Situation. Es wurde eine »sofortige weltweite Gegenoffensive gegen den sowjetisch gelenkten Weltkommunismus« unter Führung der USA gefordert. Am wichtigsten sei jetzt die »Mobilisierung und Stärkung unserer eigenen und der antikommunistischen

Kräfte der nichtsowjetischen Welt sowie die Untergrabung der Stärke der kommunistischen Kräfte der sowjetischen Welt«. Es sollte vor allen Dingen auch darum gehen, das Atomwaffenmonopol der USA aufrechtzuerhalten und ein koordiniertes Programm »zur Unterdrückung der kommunistischen Bedrohung in den Vereinigten Staaten« zu entwickeln und durchzuführen. Zu den geforderten Sofortmaßnahmen gehörten schließlich die Vorbereitung der zivilen und der industriellen Mobilisierung sowie der Aufbau eines inländischen Informationsdienstes, »der das Verständnis und eine ungeteilte Unterstützung für unsere Außenpolitik sichert«. Auf internationaler Ebene sollte der Marshallplan energisch in Angriff genommen und eine wirksame ideologische Kampagne sowie ein Programm »zur Unterstützung im Untergrund arbeitender Widerstandsbewegungen hinter dem Eisernen Vorhang einschließlich der Sowjetunion« entwickelt werden.

Für Deutschland – oder besser Westdeutschland – gab es wenig später ein erstes entscheidendes Ergebnis. Die Sechsmächtekonferenz – die drei Westmächte und die Beneluxstaaten – einigte sich in London auf die Gründung eines deutschen Teilstaates. Als Frankreich zögerte, gab der britische Militärgouverneur zu bedenken: »Wenn wir weiterhin endlos reden, könnten wir eines schönen Morgens aufwachen und Hammer und Sichel bereits am Rhein vorfinden.« Der erste sichtbare Schritt auf dem Weg zur Weststaatgründung war die Währungsreform im Juni 1948. Nachdem bereits im März durch den Auszug des sowjetischen Vertreters der Kontrollrat auseinander gebrochen war, reagierten die Sowjets jetzt auf die westlichen Beschlüsse mit der Totalblockade West-Berlins.

Die Blockade war einer der schwersten Fehler der sowjetischen Politik nach 1945. Sie führte auf westlicher Seite zu ähnlich weitreichenden Entscheidungen wie zwei Jahre später der Koreakrieg. Wer im Sommer 1948 im Westen noch Zweifel an der Richtigkeit des anglo-amerikanischen Kurses gegenüber der Sowjetunion hatte, dem wurden diese jetzt durch die Brutalität der Blockade genommen. Bei der Abwehr der sowjetischen Erpressung fühlten sich Westdeutsche, Westberliner und Westalliierte zum ersten Mal seit 1945 als Verbündete. Briten und Amerikaner ließen keinen Zweifel an ihrer Entschlossenheit aufkommen, West-Berlin zu halten. Man dürfe keine Schwäche zeigen, so Außenminister Bevin im Kabinett, da sonst der Verlust Europas drohe: »Wenn wir hart bleiben, werden die Russen am Ende nachgeben.« Genauso sollte es kommen. Die Luftbrücke wurde ein durchschlagender Erfolg; es gab keine Notwendigkeit, mit den Sowjets über einen Neuanfang in der Deutschlandpolitik zu reden.

Noch während die Blockade und damit die sowjetische Erpressung anhielt, schloss der Westen unter Führung der USA auch militärisch seine Reihen. Am 4. April 1949 unterzeichneten die Vertreter von zwölf Ländern in Washington den Vertrag zur Gründung der NATO, der North Atlantic Treaty Organization. Es war ein kollektives Verteidigungsbündnis, d. h. ein Angriff auf ein Land würde als Angriff auf alle Partner gewertet. Erstmals in ihrer Geschichte übernahmen die USA eine solche Verpflichtung. Mit der NATO wurde der Kalte Krieg gleichsam institutionalisiert.

NSC 68, Koreakrieg und deutsche Wiederbewaffnung

Wenige Monate später sahen die Dinge wieder schlecht aus, und die Befürchtungen, die der Nationale Sicherheitsrat im März 1948 formuliert hatte, schienen Realität zu werden: Es gab kein Atommonopol mehr, und China war endgültig verloren gegangen. Am 29. August 1949 zündeten die Sowjets ihre erste **Atombombe**, am 1. Oktober rief S. 103
Mao Tse-tung die Volksrepublik China aus. Noch im Juli war die CIA zu dem Schluss gekommen, dass der »wahrscheinliche Zeitpunkt« für die Fertigstellung einer sowjetischen Atombombe Mitte des Jah-

res 1953 sein würde; der britische Geheimdienst hatte 1954 genannt. Truman reagierte. Er gab Ende Januar 1950 grünes Licht für die Entwicklung der Wasserstoffbombe. Gleichzeitig ordnete er eine Überprüfung der amerikanischen Außen- und Sicherheitspolitik an. Das Ergebnis war das berühmte Memorandum Nr. 68 des Nationalen Sicherheitsrates (National Security Council), NSC 68, das im Frühjahr 1950 Präsident Truman vorgelegt wurde. NSC 68 war die Erweiterung der Truman-Doktrin, gleichsam die Blaupause für die amerikanische Außen- und Sicherheitspolitik der folgenden Jahre – bis hin zu Vietnam. Es wurde 1977 erstmals veröffentlicht. Das Ziel der sowjetischen Politik, so hieß es darin, sei die vollständige Subversion oder die gewaltsame Zerstörung der Regierungs- und Gesellschaftsstruktur in den Ländern der nicht-sowjetischen Welt und deren Ersetzung durch ein System, das dem Kreml unterworfen sei und von ihm kontrolliert werde. Mit dieser Absicht richteten sich die sowjetischen Anstrengungen gegenwärtig auf die Beherrschung der eurasischen Landmasse.

Den Kremlführern stünden 175 Divisionen zur Verfügung; sie wollten der freien Welt demonstrieren, dass »sie bereit seien, sie auch einzusetzen«. Die eindeutige Absicht des »Sklavenstaates« Sowjetunion sei es, »die Freiheit zu zerstören«. Kurz: »Es geht um Sein oder Nichtsein nicht allein der USA, sondern der gesamten Zivilisation.«

Zur Abwehr dieser vermeintlichen Bedrohung wurde der beschleunigte Aufbau politischer, wirtschaftlicher und militärischer Stärke gefordert; unter anderem eine Vervierfachung der Rüstungsausgaben auf etwa 50 Mrd. Dollar, Verstärkung der militärischen und wirtschaftlichen Hilfsorgane, Entwicklung von Programmen für die innere Sicherheit und Zivilverteidigung.

S. 57 Der Ausbruch des **Koreakrieges** im Juni 1950 wirkte dann wie ein Katalysator bei der Umsetzung von NSC 68. Er war gleichsam die Bestätigung für die in den Monaten und Jahren zuvor angestellten Analysen der sowjetischen Politik und ließ alle Zweifler endgültig verstummen. Der Krieg wurde in Washington als Beginn einer groß angelegten Offensive des Kreml gesehen, dem massiv und entschlossen begegnet werden musste.

Eine der Konsequenzen des Koreakrieges war die forcierte Wiederbewaffnung der Bundesrepublik. Er beschleunigte die Entwicklung zur wirkungsvollen Verteidigung Westeuropas und zum Aufbau der NATO in ungeahntem Maße. Der Koreaschock saß tief.

Die Amerikaner forderten damals kategorisch zehn deutsche Divisionen und eine Erhöhung der Verteidigungsanstrengungen der Westeuropäer. Frankreich versuchte nun, die Initiative zu übernehmen. Am 24. Oktober 1950 schlug Ministerpräsident René Pleven die Schaffung einer europäischen Armee vor. Er wollte damit vor allen Dingen den Beginn der deutschen Wiederbewaffnung verzögern und die Aufstellung deutscher Divisionen und deren Integration in die NATO verhindern. Der Plan enthielt eine Reihe von Diskriminierungen der Bundesrepublik. Angesichts der katastrophalen Situation in Korea und massivem Druck der USA musste Frankreich dann aber den Grundsatz der unmittelbaren westdeutschen Bewaffnung anerkennen.

Nach langwierigen Verhandlungen wurde aus dem Pleven-Plan dann die »Europäische Verteidigungsgemeinschaft« (EVG). Als der Vertrag unterschriftsreif war, reagierte Stalin am 10. März 1952. Er bot die Wiedervereinigung Deutschlands an – bei gleichzeitiger militärischer Neutralität des vereinten Deutschland. Nach anfänglichem Zögern waren die Westmächte davon überzeugt, dass die Stalin-Note ernst gemeint war. Sie waren allerdings nicht bereit, diese für sie sehr gefährliche Lösung der deutschen Frage zu akzeptieren. Sie wollten kein militärisch neutrales Gesamtdeutschland, da dies für sie zu große Risiken und Nachteile gebracht hätte. Die Westintegration der Bundesrepublik war in jedem Fall die bessere Lösung. Adenauer dachte genauso: Die Note wurde nicht ausgelotet. Die Dinge gingen ihren Gang.

Eisenhower und Dulles: *roll back* und *massive retaliation*

S. 57 Der **Koreakrieg** war im Herbst 1952 ein wichtiges Thema im amerikanischen Wahlkampf, einem Wahlkampf, der in einer Atmosphäre der Furcht und Hysterie stattfand, geschürt von Senator Joseph R. McCarthys antikommunistischer Hexenjagd. Geradezu gebetsmühlenartig wurden altbekannte Argumente wiederholt – nur alles etwas schärfer und provozierender. Der designierte neue Außenminister John Foster Dulles verurteilte die von den Demokraten betriebene Politik der Eindämmung des Kommunismus als negativ, steril und unmoralisch. Er forderte stattdessen eine »aktive Politik der Befreiung«, die den »vom Kommunismus versklavten Völkern« wieder Hoffnung und der amerikanischen Außenpolitik ein Ziel gebe.

Containment war out, das neue Schlüsselwort hieß *roll back*. Dass Dulles' *new look* einer konsequenten antikommunistischen Befreiungspolitik nicht viel mehr war als aggressive Befreiungsrhetorik, die sich in der Praxis nicht wesentlich von der Politik Trumans unterschied, wurde damals nicht erkannt.

Auch nach dem Tod Stalins im März 1953 änderte sich nichts an der amerikanischen Haltung gegenüber der Sowjetunion. Dulles sprach von einer »Ära der Freiheit, nicht der Versklavung« und verkündete: »Die Ära Eisenhower beginnt, während die Ära Stalin endet.« Die neue sowjetische Führung entfaltete schon wenige Tage nach dem Tod Stalins eine bemerkenswerte Aktivität. Es begann jene »Tauwetterperiode«, die in Washington allerdings nur als taktisches Manöver zur Machtkonsolidierung, nicht aber als eine grundsätzliche Änderung des außenpolitischen Kurses der neuen Kremlführung gewertet wurde.

Churchill, seit 1951 wieder Premierminister, sah das anders. Er wollte den Versuch unternehmen, den Kalten Krieg zu beenden, und war sogar zu einer einsamen Pilgerfahrt (*solitary pilgrimage*) nach Moskau bereit. Eisenhower lehnte das ab und forderte in der als *chances for peace* bezeichneten Rede vor der Vereinigung der amerikanischen Zeitungsverleger am 16. April handfeste Beweise für die neue Politik des Kreml. Er nannte Korea, eine Abrüstungsvereinbarung, die Beendigung der Teilung Deutschlands und Europas, den Staatsvertrag für Österreich. Nur zwei Tage später schlug Dulles vor der gleichen Versammlung schärfere Töne an und machte klar: »Wir tanzen nach keiner russischen Pfeife.« Der Nationale Sicherheitsrat stärkte Dulles den Rücken. Ein Geheimbericht kam zum Schluss, dass die Sowjetunion kein Interesse am Frieden habe.

Bis auf Korea, wo im Juli 1953 ein Waffenstillstand geschlossen wurde, blieben die Beweise einer neuen sowjetischen Politik aus – in Washington war man allerdings der Meinung, dass nicht etwa eine geänderte Haltung der Sowjets, sondern die Drohung mit einer Ausweitung des Krieges und dem Einsatz von Atomwaffen zum Waffenstillstand geführt hatte. Aus Churchills Forderung nach einer Gipfelkonferenz wurde lediglich eine Außenministerkonferenz in Washington und dann im Dezember ein westliches Gipfeltreffen auf den Bermudas. Hier formulierte Eisenhower gegenüber Churchill in selten drastischer Sprache, was er von den Sowjets wirklich hielt und was er zu tun gedachte. Dass sowjetische Panzer am 17. Juni den Volksaufstand in der DDR niedergewalzt hatten, tat ein Übriges. Für Eisenhower war Russland eine Hure, und völlig egal, ob sie neue Kleider trage oder die alten nur geflickt habe: sie bleibe dieselbe Hure. Die USA würden sie von ihrem jetzigen Strich wieder in den Hinterhof treiben. Ein halbes Jahr später meinte er zu Churchill, er habe absolut kein Vertrauen in die Verlässlichkeit und Integrität der Männer im Kreml.

Eisenhower hatte im Mai 1953 das Projekt »Solarium« (so benannt nach einem Sitzungszimmer im Weißen Haus) initiiert: Drei Planungsgruppen sollten langfristige Strategien entwickeln. Die Ergebnisse der »Solarium«-Task Forces A, B und C wurden im Oktober 1953 in einem NSC-Papier zusammengefasst, das später als *new look* bezeichnet wurde. Dieses NSC 162/2 – eine Art Fortsetzung und Ergänzung von NSC 68 – wurde von Eisenhower am 30. Oktober 1953 unterzeichnet und galt somit als formelle Richtlinie für die amerikanische Außen- und Sicherheitspolitik.

Am 5. Januar 1954 gab John Foster Dulles vor dem Council on Foreign Relations in New York den Beschluss seiner Regierung bekannt, sich künftig mehr auf Vergeltungswaffen zu verlassen. Lokale Verteidigung mit konventionellen Mitteln sei zwar immer noch wichtig, aber nicht ausreichend zur Verhinderung weiterer kommunistischer Expansion. Der eigentliche Kern von Dulles' Ausführungen beinhaltete die neue Militärstrategie und die lautete: massive Vergeltung (*massive retaliation*). Wenig später machte Eisenhower gegenüber einflussreichen Vertretern des Kongresses deutlich, was gemeint war: Die Grundidee sei, die Kommunisten sofort zu vernichten, sollten sie irgendwo irgendetwas anfangen. Sowohl Eisenhower als auch Dulles nahmen dabei in Kauf, selbst bei einer lokalen kommunistischen Aggression Atomwaffen einsetzen zu müssen, aber, so Dulles, »man muss genauso wie beim Krieg auch beim Frieden gewisse Risiken eingehen. Wer Angst davor hat, bis an den Rand eines Krieges zu gehen, ist verloren.« Beide glaubten allerdings auch, dass die Bereitschaft zum Atomkrieg dazu führen würde, jeden Krieg überflüssig zu machen. Außerdem waren nukleare Streitkräfte billiger als konventionelle. Mit Atomwaffen, so Verteidigungsminister Charles Wilson, würden die Vereinigten Staaten für das gleiche Geld mehr bekommen.

Der Leiter des Strategic Air Command, General Curtis LeMay, machte im April 1956 vor dem Naval War College klar, was bei einem Krieg mit der Sowjetunion geschehen würde:

> »Dann wird die Sowjetunion zwischen Sonnenuntergang und Sonnenaufgang aufgehört haben, eine große Militärmacht und eine große Nation zu sein. Es wird ein Land übrig bleiben, das unendlich

ärmer ist als China, mit weniger Menschen als die USA, die auf Generationen hinaus dazu verdammt sein werden, ein erbärmliches Dasein zu fristen.«

Das strategische Übergewicht der USA gegenüber der Sowjetunion nahm in den folgenden Jahren weiter zu: 1962 lautete es 17:1.

Auch im politischen Bereich wurde kein Misstrauen abgebaut. Die Berliner Außenministerkonferenz im Januar/Februar 1954 bestärkte den Westen in seiner Überzeugung, dass die Kremlführer zu keinen größeren Zugeständnissen im internationalen Bereich bereit waren, weder in der Deutschlandfrage noch beim österreichischen Staatsvertrag. Bei Letzterem ergriffen die Sowjets dann Anfang 1955 die Initiative. Am 24. März lud der Kreml den österreichischen Bundeskanzler Julius Raab zu bilateralen Gesprächen nach Moskau ein. Die Frage war, ob die Sowjets damit das Junktim deutsche Frage und Österreich aufgegeben hatten, oder ob die Österreich-Initiative jetzt erst recht für neue Gespräche in der deutschen Frage dienen sollte?

Erst als klar war, dass sich in der Deutschlandfrage nichts mehr bewegen würde, waren Amerikaner und Briten bereit, das Spiel des Kreml um Österreich mitzuspielen. Am 9. Mai trat die Bundesrepublik der NATO bei, am 14. Mai schlossen Albanien, Bulgarien, Ungarn, die DDR, Polen, Rumänien, die Sowjetunion und die Tschechoslowakei den Warschauer Vertrag über Freundschaft, Zusammenarbeit und gegenseitigen Beistand. Einen Tag später unterzeichneten die Außenminister der vier Siegermächte in Wien den österreichischen Staatsvertrag. Die Besatzungstruppen würden abziehen, Österreich souverän sein. Der Preis dafür war die Neutralität.

Zu diesem Zeitpunkt stand fest, dass sich die vier Sieger im Juli in Genf treffen würden. Die Sowjets bemühten sich um den Besuch Adenauers noch vor Beginn dieser Konferenz – Adenauer lehnte ab.

Am 18. Juli 1955 kamen dann in Genf die Staats- und Regierungschefs der Vier Mächte zusammen: US-Präsident Dwight D. Eisenhower, der britische Premierminister Anthony Eden, Frankreichs Ministerpräsident Edgar Faure und aus Moskau der Erste Sekretär des ZK der KPdSU Nikita Chruschtschow sowie Ministerpräsident Nikolai Bulganin. Eine Woche stand die Stadt im Mittelpunkt des Weltinteresses, danach ging man zwar ohne konkrete Ergebnisse auseinander, aber es wehte der vielzitierte »Geist von Genf« durch die Weltpolitik – mit der Hoffnung auf eine Pause im Kalten Krieg. Davon sollte schon bald nicht mehr viel übrig bleiben.

1956/57 standen drei Ereignisse im Mittelpunkt: Entstalinisierung, Suezkrise und »Sputnik«. Auf dem XX. Parteitag der KPdSU im Februar 1956 rechnete Chruschtschow mit dem Stalinismus ab. Dulles nannte die Rede »die schlimmste Verurteilung eines despotischen Regimes durch einen Despoten«. Sie führte innerhalb der kommunistischen Parteien zu schweren Erschütterungen. Im Gefolge der Entstalinisierung kam es in Polen zu Unruhen und in Ungarn zum Aufstand. Was in Ungarn geschah, war im Grunde genau das, was Dulles mit seiner »roll back«-Politik seit Jahren verfolgt hatte. Wie schon beim Aufstand in der DDR 1953 zeigte sich jetzt allerdings erneut, dass dies in der Tat reine Rhetorik war: Als sowjetische Truppen den Angriff auf Budapest begannen und in den Straßen der ungarischen Hauptstadt gekämpft wurde, rechneten viele Ungarn damit, dass der Westen ihnen zu Hilfe kommen würde. Aber von den USA kam keine Hilfe. Washington war nicht bereit, einen Nuklearkrieg mit der Sowjetunion zu riskieren und beschränkte sich auf einen scharfen Protest im Kreml. Die USA wollten jene Grenze, die 1945 entstanden war, nicht in Frage stellen. Die »New York Times« nannte die Dinge beim Namen. Sie warf der Sowjetunion den »gemeinsten Verrat und die niederträchtigste Hinterlist seit Menschengedenken« vor und verurteilte die Invasion Budapests als »monströses Verbrechen am ungarischen Volk«, das »niemals verziehen werden kann«. Das half den Ungarn allerdings auch nicht.

Zur gleichen Zeit gab es die Suezkrise, in deren Verlauf die Sowjets mit ihrem Raketenrasseln gegen Großbritannien, Frankreich und

Israel von Ungarn ablenken wollten. Bulganin warnte Eisenhower, die Kämpfe im Nahen Osten könnten zu einem Weltkrieg führen, und schlug vor, gemeinsam mit den USA militärisch einzuschreiten. Eisenhower wies den sowjetischen Vorschlag verärgert zurück; das sei für ihn »undenkbar«. Stattdessen wurden die amerikanischen Streitkräfte weltweit in Alarmbereitschaft versetzt, um eine sowjetische Militärintervention im Nahen Osten zu verhindern. Washington war jetzt mehr denn je davon überzeugt, dass Sowjets und Ägypter im Nahen Osten »subversiv« tätig waren, mit dem Ziel einer direkten Bedrohung der westlichen Interessen in dieser Region. Das Ergebnis war die so genannte »Eisenhower-Doktrin«, durch die die Administration ermächtigt wurde, militärisch gegen eine vom »internationalen Kommunismus gesteuerte Aggression« eines Landes im Nahen Osten – gemeint waren Ägypten und die Sowjetunion – vorzugehen, und Wirtschafts- und Militärhilfe jenen Staaten dort zu gewähren, die bereit waren, sowjetischem Druck zu widerstehen. Diese Unterstützung wurde schon bald auf andere Länder ausgeweitet. (1958 standen etwa 45 Staaten auf der Liste. Im gleichen Jahr erfolgte die erste Intervention der Amerikaner im Libanon.)

Und dann kam der 4. Oktober 1957. Der sowjetische Satellit Sputnik I, der »Reisegefährte«, führte in der amerikanischen Öffentlichkeit geradezu zu einem Schock und zu der simplen Erkenntnis, dass eine Rakete, die Satelliten in die Erdumlaufbahn bringen konnte, auch **Atombomben** gegen Ziele in den USA transportieren konnte. Damit S. 103
geriet auch das Konzept der »massiven Vergeltung« ins Wanken. Sputnik II mit der Hündin Laika an Bord startete am 3. November. Die Sputniks erzeugten bei den Amerikanern ein tiefes Gefühl der Verunsicherung. Eisenhower gelang es nicht, die Nation zu beruhigen, zumal führende Wissenschaftler und Militärstrategen vor einem Senatsausschuss übereinstimmend erklärten, die Sowjetunion liege in Wissenschaft und Technologie vorn. Ein Jahr zuvor, im Oktober 1956, waren die US-Stabschefs noch davon ausgegangen, dass die

Sowjetunion mit ihren Interkontinentalraketen erst ab 1964 eine tödliche Gefahr für die USA darstellen würde; jetzt malte der Chef der CIA Allen Dulles, der Bruder des Außenministers, das Schreckensbild an die Wand, wonach die Sowjetunion die USA in einen »sehr ernsten nationalen Notstand« hineinmanövrieren könnte; bei den Interkontinentalraketen sei man »zwei bis drei Jahre zurück«. Die Stabschefs waren im November 1957 davon überzeugt, dass die Sowjetunion sehr zielstrebig für den Zeitraum 1966–1969 eine »militärische Überlegenheit auf allen Gebieten« anstrebe.

Die Reaktion Washingtons war zum einen der National Defense Education Act im Jahr 1958, mit dem fünf Mrd. Dollar für den Ausbau des Universitätssystems zur Verfügung gestellt wurden. Zum anderen wurde in White Sulphur Springs in West Virginia mit dem Projekt »Greek Island« begonnen: dem Bau einer atombombensicheren Kommandozentrale für die US-Regierung. Gleichzeitig war die Rede von der »Raketenlücke«. Das war ein Thema, mit dem dann 1960 Wahlkampf geführt wurde und das John F. Kennedy wahrscheinlich den Sieg brachte. Jetzt begann jedenfalls auch der Wettlauf um die Eroberung des Weltalls.

In einem anderen Bereich schien sich so etwas wie eine Entspannung anzudeuten. Am 10. Dezember 1957 schlug die Sowjetunion ein Atomteststoppabkommen für die Dauer von zwei bis drei Jahren vor, beginnend am 1. Januar 1958. Washington lehnte dies nicht direkt ab, wollte aber gleichzeitig auch einen Produktionsstopp bei Atomwaffen erreichen. Das wiederum lehnten die Sowjets ab, überraschten dann aber im März 1958 die USA mit der Ankündigung eines einseitigen Atomteststopps. Sie forderten die USA und Großbritannien auf, das Gleiche zu tun. Beide Staaten kündigten dann am 31. Oktober 1958 an, Atomtests für ein Jahr auszusetzen. Am selben Tag begann in Genf die Atomteststoppkonferenz, die aber sofort auf Schwierigkeiten stieß, da man sich über die Art der Kontrolle nicht einigte. Wenig später gab es eine neue Krise.

Krisenjahre: Berlin und Kuba

Am 10. November 1958 verlangte Chruschtschow in einer Rede im Moskauer Sportpalast von den Westmächten, ihre Besatzungsrechte in Berlin aufzugeben. Die zweite **Berlinkrise** war da. Neue Dokumente zeigen, dass im Verlauf dieser Krise vieles anders war, als wir bisher angenommen haben. So bekamen damals die Briten als Erste weiche Knie, und das blieb so bis zum Ende der Krise 1963. Nur vier Tage nach Chruschtschows Rede entstand im Foreign Office in London eines der schlimmsten Dokumente der gesamten Krise. S. 68

Außenminister Selwyn Lloyd hielt Verhandlungen mit den DDR-Behörden auf Basis einer *De-facto*-Anerkennung der DDR für eine »vernünftige Sache«, wobei er noch vielsagend hinzufügte: »Ich hätte nicht viel dagegen, wenn am Ende dieser Verhandlungen die vollständige Anerkennung der DDR-Regierung stünde.« Bundeskanzler Adenauer dürfe allerdings nicht den Verdacht haben, »dass wir dabei sind, ihn zu verraten«.

Am 27. November 1958 überreichte die sowjetische Regierung den drei Westmächten eine gleichlautende Note. Darin wurde die Umwandlung West-Berlins in eine »selbständige politische Einheit« gefordert, und das innerhalb der nächsten sechs Monate. Sollte bis dahin keine Lösung erreicht sein, würde die Sowjetunion einseitig handeln und alle Kompetenzen der DDR übertragen.

Außenminister Dulles und Präsident Eisenhower waren nicht bereit, der sowjetischen Erpressung nachzugeben. Unterstützt wurden sie dabei von ihren Militärs. Sollte die Zufahrt nach Berlin gesperrt werden, könne man sie nicht mit konventionellen Kräften freikämpfen. Es gehe nur noch darum zu entscheiden, so Eisenhower, »ob wir Moskau bombardieren«. Nach Meinung der Stabschefs müsste man entschlossen und bereit sein, »falls alles andere scheitert, einen Atomkrieg gegen die Sowjetunion zu führen«. Dabei rechnete man damit, dass mindestens 67 Millionen Amerikaner sterben würden.

Als am 27. Mai das sowjetische Ultimatum ablief, kam es nicht zum Showdown. In Genf lief die Außenministerkonferenz. Die blieb zwar erfolglos, aber immerhin erreichte Chruschtschow eine Einladung in die USA. Man einigte sich schließlich auf eine Gipfelkonferenz im Mai 1960 in Paris, die Chruschtschow dann scheitern ließ. Äußerer Anlass war der Abschuss eines amerikanischen U-2-Spionageflugzeuges wenige Tage vor Beginn der Konferenz. Der entscheidende Grund aber war offensichtlich die Erkenntnis der Sowjets, dass sie in der Berlinfrage angesichts der entschlossenen Haltung vor allem der USA, aber auch Frankreichs, nicht das erreichen würden, was sie sich möglicherweise erhofft hatten. Chruschtschow setzte jetzt auf Eisenhowers Nachfolger, der im November gewählt werden sollte.

Mit John F. Kennedy wurde – fast – alles anders. Ihm ging es nicht mehr um Deutschland oder Berlin insgesamt, sondern nur noch um den Westteil der Stadt. Er war schon bald ganz auf der Linie der Briten, suchte Kompromisse und war bereit, bisherige Grundsatzpositionen aufzugeben, was nur auf Kosten der Westdeutschen gehen konnte, langfristig aber auch westliche Positionen insgesamt gefährden musste.

Am 25. Juli 1961 hielt Kennedy seine berühmte Fernsehansprache, in der er die drei *essentials* für *West*-Berlin formulierte: Recht auf Präsenz der Westmächte, Recht auf Zugang, Sicherung der Freiheit der Bewohner. Fünf Tage später meinte Senator William Fulbright, immerhin Vorsitzender des Außenpolitischen Ausschusses des US-Senats: »Ich verstehe nicht, warum die Ostdeutschen nicht ihre Grenze schließen, denn ich glaube, daß sie ein Recht haben, sie zu schließen.« Sie taten es am 13. August. Erst allmählich wurde erkennbar, S. 68 dass der **Mauerbau** Höhepunkt und Ende der eigentlichen **Berlinkrise** war.

S. 72 Ein Jahr später gab es die **Kubakrise**. Sie führte die Welt an den atomaren Abgrund. Nur mit viel Glück kam es nicht zum Atomkrieg. Eine Konsequenz aus der Konfrontation zwischen den USA und der

Sowjetunion vom Oktober 1962 war die Einrichtung des »heißen Drahtes«, einer direkten Fernschreibverbindung zwischen Weißem Haus und Kreml im Sommer 1963, sowie im August 1963 das Abkommen über ein Verbot von Kernwaffenversuchen in der Atmosphäre, im Weltraum und unter Wasser. Mit diesem Vertrag wurde die Entspannungspolitik zwischen Ost und West eingeleitet.

Als Kennedy im November 1963 ermordet wurde, hinterließ er seinem Nachfolger Lyndon B. Johnson ein Problem, das in den folgenden Jahren zur größten Krise der amerikanischen Politik wurde: Vietnam. Die Glaubwürdigkeit der amerikanischen Stärke, so hatte Kennedy nach seinem Gespräch mit Chruschtschow am 4. Juni 1961 in Wien zum amerikanischen Journalisten James Reston von der »New York Times« gesagt, sollte nicht in Berlin, sondern woanders unter Beweis gestellt werden. Er hatte Südvietnam genannt. Vietnam wurde es dann auch. Kennedy erhöhte die Zahl der so genannten Militärberater auf 16 000. Auf dem Höhepunkt des **Vietnamkrieges** S. 91
1968 befanden sich 550 000 US-Soldaten in Südvietnam.

Anfang und Ende der Entspannung

Auch wenn die USA seit 1965 immer tiefer im Sumpf des Vietnamkrieges versanken und GIs gegen Nordvietnamesen kämpften, die mit sowjetischen und chinesischen Waffen ausgerüstet waren, war eines doch klar: Vietnam war ein begrenzter Krieg, der an den strategischen Interessen Washingtons und Moskaus nichts änderte. Mit Blick auf Atomwaffen hieß das, dass sie so weit wie möglich eine Verbreitung dieser Waffen verhindern wollten. Auf die nuklearen »Have-Nots« wurde dabei wenig bis gar keine Rücksicht genommen.

Zu diesem Zeitpunkt war erkennbar, dass die USA ihre Erstschlagkapazität verlieren würden. Nach der Kubakrise hatte die Sowjetunion ein umfassendes Aufrüstungsprogramm in Gang gesetzt, das vor allem die strategischen Nuklearwaffen und die Marine betraf. In

Washington wurde vielfach angenommen, dass die Sowjets eine Erstschlagkapazität erreichen wollten. Im Rahmen der erfolgreich verlaufenden Atomwaffensperrvertrags-Verhandlungen war es daher das Bemühen Washingtons, einen weiteren Schritt zu tun und die Zahl der Raketenabwehrsysteme zu beschränken. Zu diesem Zeitpunkt bauten die Sowjets entsprechende Abwehrsysteme um Moskau und Tallinn auf. Zu den von den Amerikanern gewünschten Gesprächen waren sie anfangs jedoch nicht bereit, wie Ministerpräsident Alexej Kossygin auf einem kurzfristig einberufenen Gipfeltreffen mit US-Präsident Lyndon B. Johnson am 23. und 24. Juni 1967 in Glassborough in der Nähe von New York deutlich machte. Erst ein Jahr später stimmten sie Gesprächen über die Begrenzung strategischer Rüstungen, den so genannten SALT-Gesprächen (Strategic Arms Limitation Talks), zu.

Mehrere Gründe kamen zusammen: einmal der von Johnson angekündigte Bombenstopp in Nordvietnam, der Beginn der Friedensgespräche in Paris, vor allen Dingen aber die Tatsache, dass die Sowjets zu diesem Zeitpunkt 800 Interkontinentalraketen (1969: 1050) und 130 seegestützte Raketen besaßen und davon ausgingen, dass dies in etwa dem US-Potential entsprach. Ein weiterer wichtiger Grund war der unmittelbar bevorstehende Einmarsch von Truppen des Warschauer Paktes in die Tschechoslowakei, um den »Prager Frühling« niederzuwalzen. Drei Stunden vor Einmarsch der Truppen übergab Botschafter Dobrynin Johnson in Washington eine Botschaft des Kreml, in der es unter anderem hieß, Moskau gehe davon aus, dass durch die Aktion die sowjetisch-amerikanischen Beziehungen, »die für die sowjetische Regierung von großer Bedeutung sind«, nicht beeinträchtigt würden. Johnson dankte für die Information. Das war alles. Rusk meinte später nur zu Dobrynin, falls Rumänien als Nächstes drankomme, wäre das zu viel für die USA.

Angesichts der Ereignisse in der Tschechoslowakei gab es keine Abrüstungsverhandlungen und auch kein Gipfeltreffen zwischen

Johnson und Breschnew. Die Nichtreaktion des Westens auf die gewaltsame Niederschlagung des »Prager Frühlings« machte deutlich, dass die Tschechoslowakei Teil des sowjetischen Herrschaftsbereiches war. Auf dem V. Parteitag der polnischen Vereinigten Arbeiterpartei machte Leonid Breschnew am 12. November 1968 noch einmal klar, was das bedeutete. Die Sowjetunion würde die Souveränität der verbündeten sozialistischen Länder nach Belieben einschränken – notfalls auch mit militärischen Mitteln. Dies ist als »Breschnew-Doktrin« in die Geschichte eingegangen. Sie galt für alle Staaten im sowjetischen Machtbereich und war in gewisser Weise die Garantie für Stabilität dort; dies wiederum war – neben dem Gleichstand an interkontinentalen Raketen mit den USA – die Voraussetzung für eine Entspannungspolitik mit Blick auf den Westen.

Die Ostpolitik der Brandt/Scheel-Regierung brachte eine neue Komponente ins Spiel. Mit dem am 12. August 1970 in Moskau unterzeichneten Vertrag zwischen der Sowjetunion und der Bundesrepublik wurden die seit Kriegsende in Europa entstandenen Realitäten *de jure* anerkannt. Der Vertrag war jedenfalls der Beginn eines neuen Verhältnisses zwischen Bonn und Moskau, möglicherweise sogar zwischen Moskau und dem Westen insgesamt. Bonn wurde von Moskau als gleichberechtigter Partner behandelt – mit allen Möglichkeiten für die Zukunft. In Washington wurde Willy Brandts Aktivität nicht ohne Misstrauen verfolgt. Die Dynamik, mit der er vorging, und die Schnelligkeit, mit der in Moskau abgeschlossen worden war, überraschten die Amerikaner. Washington sorgte sich vor allem um den Zusammenhalt des Westens. De Gaulle hatte die geschlossenen Reihen gegenüber Moskau bereits aufgebrochen, nachdem er Frankreich 1966 aus der NATO gelöst und eine Sonderpolitik mit dem Kreml in Angriff genommen hatte. So sah die Nixon-Administration ein neues Schreckgespenst auf sich zukommen: Die Bundesrepublik könnte versucht sein, auszubrechen und auf eigene Faust Politik zu machen. Letztlich unterstützte Washington aber die neue Politik,

»ohne Begeisterung, aber auch nicht ohne Zuversicht«, wie Nixons Sicherheitsberater Henry Kissinger später schrieb. Man wollte den eigenen Einfluss dafür einsetzen, die Ostpolitik in einen weiteren Rahmen als »nur in den deutschen Nationalismus« einzubetten; mit anderen Worten: Man wollte davon profitieren.

Brandt bemühte sich intensiv darum, das amerikanische Misstrauen zu zerstreuen. Nicht umsonst hatte es ja in den Verträgen ausdrücklich geheißen, dass die Rechte der Vier Mächte in Bezug auf ganz Deutschland davon unberührt blieben. Und Brandt wusste auch, dass seine Verträge, die in der Bundesrepublik vom Großteil der Bevölkerung als Verzichtsverträge betrachtet wurden, von einem sichtbaren Erfolg begleitet sein mussten, und das konnte nur Berlin sein. Ein Erfolg dort war allerdings Sache der Vier Mächte. Brandt wurde sich mit Richard M. Nixon im April 1970 einig, dass die Ostverträge erst dann ratifiziert werden sollten, wenn es konkrete vertragliche Fortschritte für Berlin gäbe.

Kissinger erkannte die Situation und benutzte diesen Hebel gleich in doppelter Weise, nämlich für Bonn und für die amerikanische Politik bei den am 16. April 1970 in Wien begonnenen SALT-Gesprächen. Kissinger meinte später: »Während ich die Berlin-Verhandlungen verzögerte, um bei SALT rascher voranzukommen, verzögerte Gromyko die SALT-Verhandlungen, um die Berlin-Gespräche zu beschleunigen.« Damit war unausgesprochen in mehrfacher Hinsicht ein Junktim entstanden: ohne Berlin-Regelung keine Ostverträge, und aus Moskauer Sicht Inkrafttreten eines Berlin-Abkommens erst, wenn der Moskauer Vertrag ratifiziert sein würde. Das war verbunden mit Fortschritten in den SALT-Gesprächen, ein Bereich, in dem die amerikanische Außenpolitik einen Erfolg verbuchen wollte, nachdem sie nach wie vor durch ihre Vietnampolitik weitgehend gelähmt war.

Am 3. September 1971 wurde dann das Vier-Mächte-Abkommen über West-Berlin von den vier Botschaftern in Deutschland unterzeichnet. Die Sowjets seien zwei Drittel des Weges entgegengekommen, sagte Nixon zu Brandt. Ähnlich äußerte sich später auch Breschnew gegenüber Brandt. Entscheidend war, dass Moskau die Regelung gewollt hatte. Der Kreml hatte erkannt, dass Berlin der Testfall für das Gelingen der gesamten Entspannungspolitik geworden war. Ohne eine entsprechende Regelung keine Ratifizierung der Ostverträge, keine Weiterführung dieser Entspannungspolitik und keine Aussicht auf die schon 1954 von den Sowjets vorgeschlagene gesamteuropäische Konferenz, auf der die Nachkriegssituation auch international definitiv festgeschrieben werden sollte. Und es war ein Signal für die Amerikaner, auf höchster Ebene die Abrüstungsgespräche SALT weiterzuführen.

Am 17. Mai 1972 wurden die Ostverträge im Bundestag ratifiziert, eine Woche später war Richard Nixon als erster US-Präsident überhaupt in Moskau. Am 26. Mai unterzeichneten er und Breschnew den SALT-I-Vertrag. Erstmals sollte damit die Raketenrüstung begrenzt werden. Jeder Seite wurden je zwei Raketenabwehrsysteme mit je 100 Raketen zugestanden, gleichzeitig wurde für fünf Jahre die Zahl der land- und seegestützten Interkontinentalraketen festgeschrieben. Zu diesem Zeitpunkt hatten die Sowjetunion 2328, die USA 1710 Raketen. Die USA akzeptierten die numerische Überlegenheit bei diesen Waffen, da sie bei den Mehrfachsprengköpfen im Vorteil waren. Am *overkill* – der Tatsache, dass man sich mit den verbleibenden Waffen gleich mehrfach gegenseitig vernichten konnte – änderte der Vertrag nichts.

Ein Jahr später, im Juni 1973, fand der Gegenbesuch Breschnews in den USA statt. Das Ergebnis war ein Abkommen zur Verhinderung eines Atomkrieges, das »sofortige Konsultationen« zwischen den beiden Ländern bei der Gefahr eines Atomkrieges vorsah. Fast auf den Tag genau ein Jahr später war Nixon wieder in Moskau. Ein Durchbruch wurde nicht erreicht, wie Kissinger feststellte. Am 9. August 1974 trat Nixon zurück. Breschnew unterzeichnete mit dessen Nachfolger Gerald Ford am 23. November in Wladiwostok eine

Vereinbarung, wonach jeder Seite jeweils 2400 Interkontinentalraketen, davon 1320 Mehrfachsprengköpfe, zugestanden wurden. Kissinger sprach jetzt von einem Durchbruch in den Beziehungen beider Länder, da – zumindest für die nächsten zehn Jahre – »über das Wettrüsten ein Deckel gestülpt« werde.

Gleichzeitig lief in Genf die Konferenz für Sicherheit und Zusammenarbeit in Europa (KSZE). Am 1. August 1975 unterzeichneten dann die Staats- und Regierungschefs der 35 Teilnehmerstaaten in Helsinki die KSZE-Schlussakte – nach immerhin 2341 Arbeitssitzungen in Genf. Sie enthielt die berühmten drei Körbe: In Korb I ging es um die grundsätzliche Gestaltung der Beziehungen der Teilnehmerstaaten untereinander; in Korb II um Zusammenarbeit in den Bereichen Wirtschaft, Wissenschaft und Technik sowie Umwelt; in Korb III um die Zusammenarbeit in humanitären Fragen, er regelte zwischenmenschliche Kontakte im familiären Bereich, Familienzusammenführung, Freizügigkeit im Reiseverkehr zwischen den KSZE-Staaten, Austausch von Informationen etc. In diesem Zusammenhang konnten sich die westlichen Länder auch mit ihrer Forderung nach einer ungekürzten Veröffentlichung des KSZE-Dokuments in allen Teilnehmerstaaten durchsetzen.

Die Hardliner in den USA hatten schon die Vereinbarung von Wladiwostok massiv kritisiert, da darin nichts über die Stärke der Atomwaffen gesagt worden war. Man befürchtete, dass die Sowjetunion die zu diesem Zeitpunkt bestehende 3:1-Überlegenheit für einen Erstschlag nutzen würde. Ihre Kritik an Kissinger, dass Verträge mit der Sowjetunion das Papier nicht wert seien, auf dem sie geschrieben seien, dass Détente nur eine andere Form von Appeasement sei, wies Kissinger mit Hinweis auf Kuba und den Nahen Osten zurück. Dort habe man sowjetisches »Abenteurertum« erfolgreich zurückgewiesen. In Angola seien die Sowjets nur deshalb erfolgreich gewesen, weil der Kongress die notwendigen Mittel nicht zur Verfügung gestellt habe.

Die KSZE-Schlussakte wurde nun als Eingeständnis einer Niederlage der freien Welt interpretiert. Ronald Reagan, der US-Präsident Gerald Ford die Kandidatur für die Präsidentschaftswahlen 1976 streitig machen wollte, lehnte sie als etwas völlig Unamerikanisches ab und stellte klar: »Ich bin dagegen, und ich denke, dass alle Amerikaner dagegen sein sollten!« Unter Ford, so Reagan, »sind die USA auf Nummer zwei abgesackt, in einer Welt, wo es gefährlich, wenn nicht gar verhängnisvoll ist, nur Zweiter zu sein«. Die USA hätten vom »Tauwetter« im Kalten Krieg viel profitiert: das SALT-Abkommen, das Berlin-Abkommen und die Sowjetunion als Markt für die amerikanischen Farmer. Noch in seinen Erinnerungen warnte er vor jenem simplen Weg, der Sowjetunion nur militärisch entgegenzutreten. Amerikanische Politik müsse beides beinhalten: Abschreckung und Koexistenz, Eindämmung und Entspannung.

Die Kritiker im Westen schienen Recht zu behalten. Die Sowjets dachten wenig an Zusammenarbeit und begannen eine expansive Außenpolitik, insbesondere in Afrika, wo sie den Bürgerkrieg in Angola unterstützten, dann aber auch am Horn des »schwarzen« Kontinents: Sowjetische Waffen, Panzer und Militärberater sollten – gemeinsam mit kubanischen Truppen – den Sieg der angeblich progressiven Kräfte in Äthiopien konsolidieren. Ende Februar 1978 waren dort 12000 Kubaner und 15000 sowjetische Militärberater im Einsatz, und schon vor 1974 hatten die Sowjets damit begonnen, ihr Mittelstreckenarsenal in Europa nicht etwa abzubauen, sondern zu modernisieren. Sie ersetzten die älteren Raketen vom Typ SS 4 und SS 5 schrittweise durch die neuen Mittelstreckenraketen vom Typ SS 20, die geeignet waren, der Sowjetunion eine Erstschlagkapazität gegenüber den europäischen NATO-Verbündeten zu verschaffen, über die sie bislang noch nicht verfügt hatte.

Bundeskanzler Helmut Schmidt wies in einer Rede vor dem Internationalen Institut für Strategische Studien in London am 28. Oktober 1977 erstmals öffentlich auf diese Problematik der »in Europa bestehenden Disparitäten« hin. Mit Blick auf die SS-20-Mittelstreckenraketen bedürfe es in Westeuropa einer »Nachrüstung« mit nuklearen Mittelstreckenwaffen, falls nicht Rüstungsbeschränkungen eine solche Maßnahme überflüssig machten.

Inzwischen gab es in den USA einen neuen Präsidenten: den außenpolitisch unerfahrenen Jimmy Carter, einen Idealisten, der mit Nixons und Kissingers Realpolitik nichts anfangen konnte. Er wollte Amerika die, wie er sagte, übertriebene Angst vor dem Kommunismus nehmen, SALT II abschließen, um die Gefahr eines Nuklearkrieges zu reduzieren, und das Verhältnis zur Sowjetunion auf eine neue Grundlage stellen. Seine Menschenrechts- und Chinapolitik führte bei den europäischen Verbündeten schon bald zu erheblichen Irritationen; es kam Entscheidungsschwäche in grundsätzlichen Fragen hinzu.

Nur wenige Tage nach seiner Amtseinführung wollte Carter auf seiner ersten Pressekonferenz ein »positives Zeichen« setzen: Er kündigte den Abzug aller 37000 US-Truppen einschließlich sämtlicher Nuklearwaffen aus Südkorea an (was das Pentagon letztlich verhinderte). Er war dann enttäuscht, als die Sowjets nicht reagierten und im Gegenteil ihr Engagement am Horn von Afrika und im südlichen Afrika verstärkten. Carters »Zeichen« interpretierten sie als Schwäche. Abrüstungsverhandlungen zogen sich über zweieinhalb Jahre hin. Erst am 18. Juni 1979 kam es zum Gipfeltreffen zwischen Carter und Breschnew in Wien. Sie unterzeichneten in der Wiener Hofburg den SALT-II-Vertrag, der ein »für beide Seiten annehmbares Gleichgewicht« schaffen sollte. Es wurden Grenzen für alle strategischen Waffen festgelegt, aber die so genannten Grauzonenwaffen, die in Europa stationiert waren, etwa die sowjetischen SS 20, blieben unberücksichtigt, genauso wie die Zahl der Mehrfachsprengköpfe. SALT II beendete das Wettrüsten jedenfalls nicht.

Am 12. Dezember 1979 kam es dann zu jenem inzwischen berühmten Doppelbeschluss der NATO, nämlich:

Wien, 18. Juni 1979: In der Hofburg unterzeichnen Jimmy Carter und Leonid Breschnew den SALT-II-Vertrag. Das Ende der Entspannung ist allerdings bereits eingeläutet, der Vertrag wird nicht ratifiziert.

1. ab 1983 108 Pershing-II-Raketen und 464 bodengestützte Marschflugkörper (Cruise Missiles) in Europa zu stationieren und
2. mit der Sowjetunion über die Begrenzung der euro-strategischen Waffen zu verhandeln.

Punkt 1 sollte realisiert werden, falls die Verhandlungen mit den Sowjets ergebnislos bleiben würden. Eine in der Bundesrepublik gestartete Pershing II – Reichweite 1800 km, 10–20 Kilotonnen Sprengladung – würde in weniger als acht Minuten Moskau erreichen. Ein Marschflugkörper war zwar langsamer und hätte von der BRD bis Moskau 150 Minuten gebraucht, dabei aber in Bodennähe (30 m) die gegnerische Radarabwehr unterflogen und eine wesentlich größere Sprengladung – maximal 200 Kilotonnen – transportiert. Die Sowjetunion betrachtete den NATO-Doppelbeschluss als Ultimatum und lehnte Verhandlungen ab. 14 Tage nach dem Beschluss der NATO marschierten sowjetische Truppen in Afghanistan ein.

Carter sprach von einer ernsten Bedrohung des Friedens und einer flagranten Verletzung anerkannter internationaler Verhaltensregeln. Am 3. Januar 1980 informierte er den Senat, dass er den SALT-II-Vertrag zurückziehen werde. Am 7. Januar stoppte er alle Weizenexporte in die Sowjetunion, am 20. Januar teilte er dem amerikanischen Olympischen Komitee mit, dass, sollten sowjetische Truppen in Afghanistan bleiben, Moskau die Olympischen Spiele entzogen (was gar nicht ging) oder boykottiert werden sollten (der Boykott wurde am 28. März verkündet). Am 23. Januar formulierte er in einer Rede an die Nation das, was später »Carter-Doktrin« genannt wurde: militärische Verteidigung der Region am Persischen Golf. Das Ende der Entspannung war eingeläutet.

Einer der wichtigsten Nebenkriegsschauplätze im Kalten Krieg war der Nahe Osten, und hier insbesondere der israelisch-arabische Konflikt. Mit Zustimmung der Sowjetunion war Israel 1948 gegründet worden, wohl mit der Absicht, die gesamte Region zu destabilisieren beziehungsweise den britisch-amerikanischen Einfluss zurückzudrängen. Mit Gamal Abd el Nasser in Ägypten und der Finanzierung des Assuan-Staudammes schien dies Mitte der fünfziger Jahre auch zu gelingen. Erst Anfang der sechziger Jahre wurde Israel zu einem Klienten der USA. Während die Sowjetunion Ägypten und Syrien aufrüstete, lieferten die USA Waffen an Israel – über den Umweg Bundesrepublik Deutschland. Mitte 1964 baten die USA Bonn, schweres Kriegsmaterial aus amerikanischer Produktion an Israel zu liefern. Sie selbst wollten im Hintergrund bleiben, was aus ihrer Sicht nachvollziehbar war, rüsteten sie doch damals die jordanische Armee mit Waffen aus. Als im Frühjahr 1967 israelische Mirage-Flugzeuge sechs syrische MiGs abgeschossen hatten, eskalierte die Entwicklung. Moskau schaltete sich ein und ermunterte Ägyptens Staatspräsident Nasser, den Golf von Akkaba zu schließen, um Washington, das in den Vietnamkrieg verwickelt war, auch noch zum Engagement für Israel zu zwingen (in der Erwartung einer Niederlage). Für die weitere Entwicklung war auch diesmal die Haltung der USA entscheidend. Die hatten mit Vietnam genug zu tun und wollten sich nicht noch auf einem zweiten Kriegsschauplatz engagieren. Und so akzeptierte das israelische Kabinett am 27. Mai den Vorschlag von Präsident Johnson, zwei Wochen zu warten, um auf dem Verhandlungsweg die Öffnung der Straße von Tirana zu erreichen, deren Sperrung Nasser am 2. Mai verkündet hatte.

Das erregte den Zorn der israelischen Generäle. Am 1. Juni wurde eine »Regierung der nationalen Einheit« gebildet, in der Moshe Dayan, der Held des Suezkrieges 1956, Verteidigungsminister wurde. Drei Tage später beschloss das israelische Kabinett einstimmig, einen Präventivschlag zu führen. Ausschlaggebend dafür war die Meldung des Chefs des israelischen Geheimdienstes Mossad, der sich inkognito in Washington aufhielt und mit ranghohen Vertretern der CIA und des Pentagon, nicht allerdings des State Departments, gesprochen hatte. CIA und Pentagon waren für den Präventivschlag, um erstens Nassers sowjetisches Waffenarsenal zu zerstören und zweitens dessen und Moskaus Prestige einen Schlag zuzufügen. Der Krieg begann am Morgen des 5. Juni und wurde nach sechs Tagen mit einem überwältigenden Erfolg Israels beendet. Israel hatte das Dreifache seines ursprünglichen Territoriums mit einer Million Menschen erobert. Auf arabischer Seite waren etwa 20000 Soldaten gefallen. Das sowjetische Kriegsmaterial hatte sich überall als unterlegen erwiesen: Israel hatte 40 Kampfflugzeuge verloren und gleichzeitig 430 gegnerische zerstört, dazu 1000 ägyptische Panzer sowjetischer Bauart. 500000 Palästinenser waren an das Ostufer des Jordan geflüchtet. Israel hatte den Krieg gewonnen, aber der Friede war nicht in Sicht.

Carter versuchte sich nun an einer umfassenden Lösung des Nahostproblems. Er war der erste US-Präsident, der öffentlich das Recht der Palästinenser auf Heimat anerkannte. Bei seinem Friedensplan sollten auch die Sowjets beteiligt werden. Die neue israelische Regierung unter dem konservativen Ministerpräsidenten Menachem Begin sah das anders, genauso wie die jüdische Lobby in den USA. Ohne Unterrichtung Carters bot Israel Ägypten einen separaten Frieden an. Begin war bereit, die Sinai-Halbinsel zurückzugeben, falls Ägypten Israel diplomatisch anerkennen würde. Der ägyptische Ministerpräsident Sadat akzeptierte das Angebot und flog im November 1977 nach Jerusalem. Die übrigen arabischen Staaten waren genauso wenig beteiligt wie die Palästinenser und die Sowjets, die der Carter-Regierung falsches Spiel unterstellten. Der sowjetische Außenminister Andrej Gromyko sprach sich denn auch öffentlich gegen den Sadat-Besuch in Jerusalem aus. Die Gespräche zwischen Israel und Ägypten erreichten einen Höhepunkt bei einem Gipfeltreffen in Camp David im September 1978 und dem Friedensvertrag, der dann im März 1979 unterzeichnet wurde. Carter unterstützte diese Bemühungen öffentlich, womit jeder umfassende Ansatz zur Lösung des Problems verhindert wurde. Gleichzeitig wurden die Sowjets von diesen Beratungen ausgeschlossen, genauso wie die Palästinensische Befreiungsfront.

Die Carter-Administration wollte einen Block von pro-westlichen Staaten in der Region aufbauen; dazu dienten massive Waffenlieferungen und wirtschaftliche Hilfe. Dieser Block bestand aus Ägypten und Israel, schloss aber auch Saudi-Arabien und den Iran ein. Im Jahr 1978 erhielten Iran, Israel und Saudi-Arabien zusammen allein drei Viertel aller amerikanischen Waffenlieferungen in die Dritte Welt.

Diese Politik erfuhr im Januar 1979 einen schweren Rückschlag. Der Iran, den Carter bei seinem Besuch in Teheran Ende 1977 noch als eine »Insel der Stabilität« bezeichnet hatte, ging verloren. Schah Mohammad Reza Pahlevi, der mit Hilfe der CIA 1953 den Thron zurückerobert hatte, wurde vertrieben. Ayatollah Khomeini errichtete eine fundamentalistische islamische Republik. Die Krise erreichte einen Höhepunkt im November 1979, als 63 Mitglieder der amerikanischen Botschaft in Teheran als Geiseln genommen wurden. Ein Kommandounternehmen zu ihrer Befreiung schlug im April 1980 fehl. Dieser Fehlschlag trug nicht wenig zur Niederlage Carters bei den Präsidentschaftswahlen im November desselben Jahres bei.

Reagan, Gorbatschow und das Ende des Kalten Krieges

Gewinner dieser Wahl war Ronald Reagan. Er war zuvor zweimal Gouverneur von Kalifornien gewesen und wurde – und wird – insbesondere in Westeuropa nach wie vor unterschätzt, da er vor seiner Politikerkarriere ein eher mittelmäßiger Schauspieler gewesen war. Tatsächlich aber war er nicht nur der große »Kommunikator«, sondern trug entscheidend zum Ende des Ost-West-Konflikts bei. Reagan trat seine Präsidentschaft im Januar 1981 mit einem relativ einfachen Weltbild an, das er oft vortrug. Entspannung war aus seiner Sicht gleichbedeutend mit westlicher Schwäche, eine Einbahnstraße zum Vorteil der Sowjetunion, die es Moskau erlaubt hatte, »die größte Militärmaschinerie aufzubauen, die die Welt je gesehen hat«. War in den Fünfzigern und Anfang der Sechziger die Rede von der Bomber- oder Raketenlücke gewesen, so wurde jetzt jenes »Fenster« bemüht, durch das die USA verletzbar geworden seien (*window of vulnerability*).

Für Reagan war die Sowjetunion das »Reich des Bösen«, wie er im März 1983 einmal öffentlich formulierte. Die USA mussten seiner Meinung nach wieder die Führungsrolle in der westlichen Welt übernehmen und die NATO insgesamt mehr Stärke zeigen. Er korrigierte die Politik seiner Vorgänger: War es diesen primär darum gegangen, den Kalten Krieg nicht zu verlieren, so trat Reagan mit einem klaren Ziel an: Er wollte diesen Krieg gewinnen und die Sowjetunion in großem Stil bekämpfen, vom Guerillakrieg am Boden bis zur Raketenabwehr im Weltraum! In den Jahren 1981 bis 1986 wurde dafür das größte Aufrüstungsprogramm durchgeführt, das es in den USA in

Friedenszeiten jemals gegeben hatte: Die Ausgaben stiegen von 171 auf 376 Mrd. Dollar. Reagan war davon überzeugt, dass die Sowjetunion bereits allergrößte wirtschaftliche Schwierigkeiten hatte und bei Verstärkung des Drucks implodieren würde, wie er das formulierte. Von nun an gab es auch wieder jene verdeckten Operationen gegen Satellitenstaaten der Sowjetunion, die von seinen Vorgängern aufgegeben worden waren. Im März 1982 unterschrieb er eine entsprechende Executive Order. Daneben ging es um eine Modernisierung im militärischen Bereich und um politische Propaganda.

Dies wurde insgesamt als »Reagan-Doktrin« bezeichnet und erinnerte an Dulles und Eisenhower. Um den Sieg im Kalten Krieg zu erringen, wurden gleich mehrere Fronten eröffnet. Zum einen wurden Widerstandsbewegungen gegen die Sowjetunion unterstützt. Afghanistan war ein wichtiges Beispiel. Der Kampfgefährte von Fidel Castro, Che Guevara, hatte 15 Jahre zuvor einmal gesagt, wie man die USA und den Westen besiegen könnte: »Zwei, drei, viele Vietnams« müsse es geben. Reagan versprach nun »viele Afghanistans«, die zum Vietnam der Sowjetunion werden sollten. Die Rebellen dort erhielten schon bald »Stinger«-Boden-Luft-Raketen, die so erfolgreich waren, dass der sowjetische Verteidigungsminister demjenigen den Orden »Held der Sowjetunion« versprach, der eine solche Rakete als Erster nach Moskau bringen würde. In Mittel- und Lateinamerika, wo nach Auffassung Reagans Moskau und Havanna aktiv waren, wurde massiv eingegriffen: in El Salvador, aber auch in Nicaragua, wo die so genannten Contras unterstützt wurden – mit Geld, das aus etwas dubiosen Waffengeschäften mit dem Iran stammte. Auf der kleinen Karibikinsel Grenada landeten im Oktober 1983 US-Truppen, um die Insel von »linken, von Kuba unterstützten Gangstertruppen« zu befreien. Mit Grenada hatte man offiziell das Vietnam-Syndrom überwunden.

In Osteuropa setzte man bei Polen an. Die Gewerkschaftsbewegung Solidarność wurde jetzt massiv unterstützt. Mit dabei war der neue polnische Papst, Johannes Paul II., für den die Kommunisten Todfeinde waren. Um ihren Druck auf die Sowjetunion zu erhöhen, schreckte die neue Administration auch nicht vor einem offenen Wirtschaftskrieg zurück. Die COCOM-Liste wurde verschärft und bestimmte Hochtechnologie wurde gar nicht mehr oder zu extrem überhöhten Preisen an die Sowjetunion verkauft. Deren Einnahmen kamen fast ausschließlich aus Öl und Gas. Öl war so etwas wie eine Droge, die letztlich die sowjetische Wirtschaft zerstörte, da diese bequeme Einnahmequelle ein Verständnis für die Notwendigkeit von Reformen nicht aufkommen ließ. 1983 erhöhte Reagan den Druck auf die Sowjetunion noch mehr. Im März dieses Jahres kündigte er ein Fünf-Jahres-Programm in Höhe von 26 Mrd. Dollar an, um ein Raketenabwehrsystem zu errichten. Offiziell war dies die Strategische Verteidigungsinitiative SDI (Strategic Defense Initiative), die bald nur noch – nach dem Titel eines erfolgreichen Science-Fiction-Films – *Star Wars* genannt wurde. Im Herbst desselben Jahres wurde mit der Stationierung amerikanischer Mittelstreckenraketen und Cruise Missiles in Westeuropa begonnen – trotz massiver Proteste dort.

Wir wissen heute, dass die Sowjetunion damals davon überzeugt war, dass die USA einen atomaren Erstschlag führen würden. 1983 wurde die »Operation RYAN« angeordnet (russisches Akronym für Warnung vor einem überraschenden Nuklearangriff): KGB-Agenten sollten weltweit jede entsprechende Art von Aktivität nach Moskau melden. Wie nervös die Sowjets waren, zeigte der Abschuss eines südkoreanischen Passagierflugzeuges.

RYAN wurde auch in den folgenden Jahren fortgesetzt. 1984 jedenfalls wurde von sowjetischer Seite bekannt, dass die sowjetische Wirtschaft nicht mehr länger mithalten könne. Ob dies der entscheidende Grund für die Kehrtwendung in Moskau war, oder ob der neue Kremlführer Michail Gorbatschow – seit 1985 im Amt – aus innerer Erkenntnis mit »Glasnost« und »Perestroika« einen neuen Systemwandel einläutete, bleibt die große Frage. Der beabsichtigte Systemwandel kam jedenfalls zu spät, geriet schon bald außer Kontrolle und führte letztlich zum überraschend schnellen Zerfall der Sowjetunion in Einzelstaaten und zur Niederlage im Kalten Krieg. Die Transformationsprozesse in Polen und Ungarn und dann auch in der DDR und den übrigen Satellitenstaaten lassen sich nur vor dem Hintergrund der geänderten sowjetischen Politik verstehen. Moskau signalisierte jedenfalls, dass es Demokratisierungsversuche diesmal weder verhindern noch militärisch intervenieren oder die betreffenden Länder wirtschaftlich erpressen würde.

In diesem Zusammenhang spielte die britische Premierministerin Margaret Thatcher eine wichtige Rolle. Sie hatte nach einem Besuch von Gorbatschow die Überzeugung gewonnen, dass man mit dem neuen Sowjetführer ins Geschäft kommen könne, und hatte entsprechend auf Reagan eingewirkt. Das erste Treffen zwischen Reagan und Gorbatschow fand im November 1985 in Genf statt. Das einzige Ergebnis war die Übereinkunft, den Dialog fortzusetzen und die sowjetisch-amerikanischen Beziehungen zu verbessern. Das nächste Treffen fand ein Jahr später im Oktober 1986 in Reykjavik statt. Jetzt wurde deutlich, wie richtig die NATO-Entscheidung zur Nachrüstung und die Stationierung der Pershing II und Cruise Missiles gewesen waren. Hatten die Sowjets noch im November 1983 die Abrüstungsverhandlungen in Genf abgebrochen, so legte Gorbatschow jetzt ein detailliertes Abrüstungsprogramm vor. Was vorher SALT geheißen hatte, hieß jetzt START (Strategic Arms Reductions Talks). Es ging um die Reduzierung der strategischen Waffen. Im Verlauf der Gespräche machte Gorbatschow den Vorschlag, innerhalb von zehn Jahren alle strategischen Atomwaffen abzuschaffen.

Das war für den Anfang wohl zu viel, aber ein Jahr später wurde der erste, wahrhaft historische Schritt getan. Am 8. Dezember 1987 unterschrieben Reagan und Gorbatschow in Washington den INF-Vertrag (Intermediate-Range Nuclear Forces), mit dem alle Mittel-

Nach dem NATO-Doppelbeschluss vom Dezember 1979: Massendemonstrationen in Westeuropa gegen die Stationierung von Pershing-II-Raketen.

streckenraketen in Europa abgebaut werden sollten – 1000 auf amerikanischer Seite, mehr als 3000 auf sowjetischer Seite.

Gleichzeitig kündigte Gorbatschow die einseitige Reduzierung der sowjetischen Streitkräfte um 10 Prozent und den Abzug von Panzern aus Osteuropa an. Damit war die Breschnew-Doktrin definitiv tot. Dann kündigte Gorbatschow den sowjetischen Rückzug aus der Dritten Welt an: zwischen Mai 1988 und Februar 1989 wurden die sowjetischen Truppen aus Afghanistan zurückgezogen. Mit Washington einigte man sich auch auf den Rückzug aus Angola und Namibia. Als Reagan Ende Mai/Anfang Juni 1988 Moskau besuchte, gab es eindeutige Hinweise darauf, dass der Kalte Krieg beendet werden konnte. Als er gefragt wurde, ob er die Sowjets immer noch als das »zentrale Übel der modernen Welt« betrachte, antwortete er: »Sie haben sich verändert.« Ein Jahr später fiel die Mauer in Berlin, die kommunistischen Regime in Osteuropa brachen zusammen. Wenn man so will, kann man das Ende des Kalten Krieges auf diese Daten reduzieren.

Fazit

1991 löste sich der Warschauer Pakt und mit ihm die Sowjetunion auf. Der Westen hatte den Kalten Krieg gewonnen. Blicken wir zurück, so wird erkennbar, dass diese Konfrontation unvermeidlich war. Der Kalte Krieg war im Kern ein ideologischer Konflikt, der ausgetragen werden musste und nur durch die Anti-Hitler-Koalition unterbrochen worden war. Er war nicht wegen der viel zitierten gegenseitigen »Fehlperzeption« ausgebrochen: Mit Stalin war eine Kooperation nicht möglich. Auf der anderen Seite stand mit Truman ein Präsident, der entschlossen war, die kommunistische Herausforderung anzunehmen. Als er abtrat, waren die Grundlagen für die nächsten Jahrzehnte in dieser Auseinandersetzung gelegt. Und in diesen Jahren und Jahrzehnten schaukelten sich beide Seiten gegenseitig hoch. Dabei war auch sowjetischerseits vieles Bluff, während der amerikanische militärisch-industrielle Komplex immer neue Lücken auf Seiten der USA entdeckte, die es gar nicht gab: die Bomberlücke, die Raketenlücke, jenes »Fenster«, durch das die USA getroffen werden konnten.

Nach den Krisenjahren 1961/62 mit Berlin und Kuba folgten die starke Aufrüstung der Sowjetunion und die Verwicklung der USA in Vietnam. Mit Nixon und Breschnew begann eine Phase der Entspannung, die unter Carter bereits wieder zu Ende war. Reagan ging dann einen Schritt weiter: Er wollte den Kalten Krieg gewinnen. Und er war erfolgreich. Unbestritten ist, dass die Niederlage der Sowjetunion in dieser Auseinandersetzung systemimmanent war. Die Reformbemühungen Gorbatschows kamen zu spät. Von daher ist es nicht verwunderlich, dass die verbliebenen kommunistischen Staaten – China, Kuba, Nordkorea und Vietnam – diese Entwicklung mit besonderer Aufmerksamkeit verfolgt haben und weiter verfolgen.

Aber der Kalte Krieg hatte auch etwas Gutes, bescherte doch diese Auseinandersetzung den Menschen eine lange Friedensperiode: Die

Drei Männer, die den Kalten Krieg beenden: der neue sowjetische Parteichef Michail S. Gorbatschow, Ronald Reagan und sein Nachfolger George H. W. Bush. Das »Reich des Bösen«, die Sowjetunion, gibt es nicht mehr; dafür jetzt die »Achse des Bösen«.

Atommächte waren letztlich berechenbar, das »Gleichgewicht des Schreckens« verhinderte den Krieg, auch wenn es bei den Militärs phantastische Planspiele zur gegenseitigen Vernichtung gab. Die atomare Grenze wurde nicht überschritten, der *overkill* verhinderte die Zerstörung der Welt. Ist diese Welt nach dem Ende des Kalten Krieges sicherer geworden? Blickt man auf die nationalistischen Ausbrüche in den ehemaligen Sowjetrepubliken oder in Jugoslawien oder auf die neue Form des Terrorismus, so bleiben Zweifel. Angesichts der neuen Gefahren und Herausforderungen in der Welt kann daher bei der Erinnerung an den Kalten Krieg fast schon so etwas wie Nostalgie aufkommen – zumindest bei jenen westlich des ehemaligen Eisernen Vorhangs.

VERTIEFUNGEN

Marshallplan

Der Marshallplan, das Europäische Wiederaufbauprogramm (European Recovery Program), war die Antwort auf viele Probleme. Er verminderte das eklatante europäische Zahlungsbilanzdefizit; er versprach die Restauration traditioneller Ordnungsverhältnisse in Frankreich und Italien und sollte die apathischen Westdeutschen für sich gewinnen; er sollte zeigen, dass die amerikanische Wirtschaft als Erfolgsmodell dienen könnte, wenn die Europäer nur endlich ihre ideologischen Streitereien hinter sich lassen und ihre Volkswirtschaften integrieren würden. Vertrauen in den technischen Fortschritt, Anerkennung der Produktivkraft der amerikanischen Wirtschaft, Glaube an die klassenübergreifende Zusammenarbeit, Großzügigkeit und Sinn für das Machbare waren seine Grundpfeiler, wie Harvard-Professor Charles S. Maier vor einigen Jahren meinte.

Entstehungs- und Wirkungsgeschichte des Planes sind in der Forschung nach wie vor umstritten. Verteidiger und Kritiker der Rolle Amerikas als Weltmacht sind sich in der Einschätzung so weit einig, als sie in der Rede von Außenminister George C. Marshall am 5. Juni 1947 in Harvard einen Wendepunkt der amerikanischen Nachkriegspolitik erblicken. Die Amerika-freundliche, traditionalistische Geschichtsschreibung sieht diesen Schritt ganz im Rahmen der westlichen Defensivmaßnahmen gegen das sowjetische Vordringen in Europa. Die der amerikanischen Nachkriegspolitik gegenüber kritisch eingestellte revisionistische Schule ordnet ihn in die offensive Politik des »Dollar-Imperialismus« ein, dem es in erster Linie um die Expansion des amerikanischen Handels in Europa ging.

Neuere Studien zum Marshallplan haben die unterschiedlichen Ansätze des Hilfsprogramms verfolgt. Es ging um den internationa-

Harvard, 5. Juni 1947: US-Außenminister George C. Marshall auf dem Weg zu jener Rede, mit der er ein Hilfsprogramm für Europa verkündet, das seinen Namen trägt.

len Handel und den multilateralen Zahlungsverkehr und die unterschiedlichen Strategien der USA bei der Unterstützung der nichtkommunistischen Arbeiterbewegungen als Herzstück der Hilfeleistungen. Hinter der Hilfe stand die grundlegende Überzeugung der Amerikaner, dass kooperative Arbeitsbeziehungen Wirtschaftswachstum hervorbringen und somit die unverzichtbaren Voraussetzungen für eine politisch-demokratische Stabilität schaffen würden. Der Plan stellte somit eine politische Plattform für ein reformistisches Modell der Arbeitsbeziehungen dar, deren Grundlagen der Wohlfahrtsstaat und kooperationsbereite Gewerkschaften bilden sollten.

Ohne die Hilfe des Marshallplans und die Bemühungen der amerikanischen Gewerkschaftsverbände wären die sozialdemokratischen Gewerkschaften Europas – und nicht nur die – wahrscheinlich zusammengebrochen. Die kommunistisch gesteuerten Gewerkschaften in Frankreich und Italien waren damals außerordentlich mächtig. Von daher war der Marshallplan ein entscheidendes Instrument, Westeuropa vor dem Kommunismus zu bewahren.

Zur Beratung über das Hilfsangebot Marshalls trafen die Außenminister Großbritanniens, Frankreichs und der Sowjetunion – Ernest Bevin, Georges Bidault und Wjatscheslaw Molotow – Ende Juni 1947 in Paris zusammen. Molotow ging mit einer Mischung aus Misstrauen und Hoffnung in die Verhandlungen. Die Instruktionen des Kreml, die wir inzwischen kennen, machen deutlich, worum es gehen sollte: Informationen über die Art und Weise des Programms zu bekommen, die Höhe möglicher Kredite etc. Auf keinen Fall sollte ein Plan angenommen werden, der die osteuropäischen Staaten auf ihre traditionelle Rolle reduzieren würde, lediglich Rohstoffe für Westeuropa zur Verfügung zu stellen.

Briten und Franzosen hatten andere Vorstellungen, wie das Wiederaufbauprogramm organisiert werden sollte. Sowjetische Historiker sprechen in diesem Zusammenhang von einem »Doppelspiel«. Bevin und sein französischer Kollege Bidault hätten bereits im Vorfeld alles entschieden und die Konferenz nur dazu benutzen wollen, um die Nichtteilnahme der Sowjetunion zu erreichen. In der Sitzung am 30. Juni betonte Molotow, dass es nicht Aufgabe der Konferenz sei, ein »ganz Europa umfassendes Programm« zu entwerfen. An Stalin telegraphierte er: »Da unsere Auffassung grundsätzlich von jener der Briten und Franzosen abweicht, rechnen wir nicht mit irgendwelchen gemeinsamen Entscheidungen.« Am 2. Juli endete das Pariser Treffen mit dem Auszug Molotows. Damit war genau das geschehen, was zumindest die Briten erhofft hatten – und was, wie der sowjetische Historiker Mikhail Narinsky meint, »ein schwerer diplomatischer Fehler« der sowjetischen Führung war. In der Rückschau sind sich die Historiker einig, dass diese ergebnislose Konferenz der entscheidende Wendepunkt in den Ost-West-Beziehungen war. Der – wenn auch nur schwache – Versuch, die Zusammenarbeit innerhalb der Anti-Hitler-Koalition auch nach dem Ende des Krieges fortzusetzen, war endgültig gescheitert.

Koreakrieg

Der Krieg begann im Morgengrauen am Sonntag, dem 25. Juni 1950. Um 4.00 Uhr eröffneten die Nordkoreaner mit Haubitzen und Mörsern entlang des 38. Breitengrades das Feuer. Dann traten auf der etwa 200 Kilometer langen Front zwischen dem Gelben Meer und der Japanischen See sieben Infanteriedivisionen und eine Panzerbrigade mit 150 sowjetischen T34-Panzern zum Angriff an, zusammen etwa 90 000 Mann.

Das »Land der Morgenstille« war 1910 als eines der Opfer des japanischen Imperialismus offen annektiert worden. Es diente Japan als Lieferant von Rohstoffen und Arbeitskräften und wurde wie eine Kolonie niederen Ranges behandelt. 80 Prozent der Koreaner konnten 1945 weder lesen noch schreiben. Der Zweite Weltkrieg schien auch hier die Wende zu bringen. Mitte August 1945 akzeptierte Stalin einen amerikanischen Vorschlag, den 38. Breitengrad als Demarkationslinie zur Abgrenzung der Besatzungszonen zu nehmen. Wie im geteilten Deutschland verfestigte sich die Trennlinie bald zur Systemgrenze. Im Norden errichtete Kim Il Sung sein kommunistisches Regime, im Süden Syngman Rhee seine nicht minder diktatorische Herrschaft. Alle Bemühungen um eine baldige Wiedervereinigung des Landes scheiterten in den folgenden Jahren. Im September 1947 beschloss die UNO-Vollversammlung, eine UNO-Kommission einzusetzen, die freie und geheime Wahlen für ganz Korea überwachen sollte. Dieser Kommission wurde jedoch die Einreise nach Nordkorea verweigert.

Das Jahr 1948 brachte dem Land die endgültige Spaltung. Im Mai 1948 fanden in Südkorea Wahlen statt, die weder als frei noch als geheim bezeichnet werden konnten. Syngman Rhee rief am 15. August die Republik Südkorea aus. Zehn Tage später fanden in Nordkorea Wahlen statt, in deren Folge Kim Il Sung am 9. September 1948 die Demokratische Volksrepublik Korea ausrief. Beide Regierungen beanspruchten, der legitime Repräsentant ganz Koreas zu sein; beide Regime forderten die Wiedervereinigung des Landes mit allen Mitteln; beide bauten unter Mithilfe der Sowjetunion beziehungsweise der USA schlagkräftige Armeen auf. Anders als in Deutschland zogen die Sowjets Ende 1949 ihre Truppen ab, die Amerikaner wenig später. Stalin glaubte wohl, die roten Revolutionäre würden auch ohne sowjetischen Schutzschirm siegen. Andererseits veranschlagte Washington den strategischen Wert der Halbinsel sehr niedrig. Am 12. Januar 1950 nannte Außenminister Dean Acheson in einer Rede vor dem Nationalen Presseclub in Washington bei der Aufzählung der für die Sicherheit der USA wichtigen Gebiete im Fernen Osten zwar Japan und die Philippinen, nicht aber Formosa und Korea. Die Stabschefs hatten zwar einen Eventualplan für den Fall einer nordkoreanischen Invasion ausgearbeitet; er sah indes nur eines vor: die schnellstmögliche Evakuierung aller Amerikaner.

Es kam dann ganz anders. Truman flog am Nachmittag des 25. Juni überstürzt aus seinem Heimatort Independence, Missouri, nach Washington zurück. Während des Fluges ließ er eine lange Reihe von Präzedenzfällen aus den dreißiger Jahren Revue passieren: Japans Einfall in der Mandschurei, Mussolinis Überfall auf Äthiopien, Hitlers Einmarsch ins entmilitarisierte Rheinland. Wenn die Russen in die Fußstapfen der aggressiven Diktatoren treten sollten, müsste man sich ihnen entgegenstellen, war die Überzeugung des Präsidenten. Und es kam noch etwas hinzu: China. Die USA hatten nach dem Krieg dort versucht, den drohenden Bürgerkrieg durch eine Vermittlungsaktion des ehemaligen Generalstabschefs und späteren Außenministers George C. Marshall zu verhindern. Weil der Nationalchinese Tschiang Kai-schek die eigene Stärke überschätzte, und letztlich, weil zwischen ihm und seinem Todfeind Mao eine Teilung nicht möglich war, trieb das Land schließlich in den Bürgerkrieg, der 1949 mit dem Sieg der Kommunisten endete (nicht zuletzt aufgrund massiver Hilfe Stalins, wie wir heute wissen). Hilflos hatte Amerika zugeschaut, musste sich aber schließlich mit dem Unvermeidlichen abfinden. Tschiang Kai-scheks Regime, das nach Taiwan geflüchtet war und sich dort erst einmal durch ein Massaker bei den Einheimischen verhasst gemacht hatte, hatte man längst abgeschrieben. In den USA beschuldigten viele Kritiker Truman, er sei dem Kommunismus gegenüber zu weich. Im Senat waren Leute wie Joseph McCarthy und andere Republikaner vom rechten Flügel der Meinung, der Präsident habe nicht genug für Tschiang Kai-schek getan. Ihrer Ansicht nach hatten Truman und sein Außenminister Acheson nicht nur die Tschechoslowakei 1948, sondern auch China an die gottlosen Kommunisten »verloren«.

Als der Überfall auf Südkorea erfolgte, sah sich Truman in einer Lage, in der ihm Tatenlosigkeit oder alles, was weniger war als der direkte Einsatz amerikanischen Militärs, von seinen Gegnern im Kongress und im Lande sofort als Verrat angelastet worden wäre. Truman und seine Mitarbeiter interpretierten den Angriff als Beginn einer groß angelegten, globalen, von Moskau gesteuerten kommunistischen Offensive. Als nächste mögliche Ziele wurden genannt: Indochina, Burma, Malaysia, Jugoslawien, Persien und Deutschland. Demnach stand die Zukunft der gesamten freien Welt auf dem Spiel. Es galt daher, der kommunistischen Aggression in Korea entschlossen entgegenzutreten. Der 25. Juni wurde so etwas wie ein »Pearl Harbor« des Kalten Krieges. Truman befahl am 27. Juni den Einsatz amerikanischer Luft- und Seestreitkräfte. Dieser Beschluss wurde im vollen Bewusstsein des damit verbundenen Risikos eines Krieges mit der Sowjetunion getroffen.

Erst zehn Stunden später wurde diese Maßnahme vom UNO-Sicherheitsrat nachträglich sanktioniert. Dies war nur möglich, weil die Sowjetunion den Sicherheitsrat seit Monaten boykottierte. Sie protestierte damit gegen die Haltung der UNO-Mehrheit, das kommunistische China nicht in die Weltorganisation aufzunehmen und den Vertreter Formosas nach wie vor als Repräsentanten Chinas anzuerkennen. Stalin hatte es nicht für nötig gehalten, einen Vertreter zu entsenden, da er – wie von Kim zugesichert – mit einem schnellen Sieg der Kommunisten rechnete.

Drei Tage nach dem Angriff fiel die Hauptstadt Seoul; fünf Tage nach dem Beginn der Kämpfe war die halbe südkoreanische Armee vernichtet; die Nordkoreaner standen tief im Süden der Halbinsel. Daraufhin ging Truman am 30. Juni einen entscheidenden Schritt weiter: Er befahl den Einsatz amerikanischer Bodentruppen in Korea. Die Sitzung, in der dieser historische Beschluss in Washington gefasst wurde, dauerte nur eine halbe Stunde. Truman befahl außerdem die Blockade und die Bombardierung Nordkoreas. Verschont werden sollten lediglich die Grenzgebiete zu China und der Sowjetunion. Washington hatte sich für den großen antikommunistischen »Kreuzzug« entschieden. Truman ernannte General Douglas MacArthur zum Oberbefehlshaber in Korea. Die 7. US-Flotte übernahm gleichzeitig den Schutz Formosas gegen einen eventuellen Angriff Rotchinas.

Formal war die »Polizeiaktion«, wie es offiziell hieß, kein rein amerikanisches Kommando, sondern vielmehr ein United Nations Command auf der Basis einer UNO-Resolution vom 7. Juli. Darin waren alle Mitglieder gebeten worden, Truppen nach Korea zu entsenden. Dies war die Geburtsstunde einer ersten internationalen Streitmacht, die sich in den nächsten Monaten allmählich komplettierte. Am Ende gehörten ihr neben Amerikanern und Südkoreanern Soldaten aus 15 Nationen an. Dabei stellten die Amerikaner zwei Jahre nach dem Angriff allerdings nicht nur die Hälfte der Soldaten – rund 350000 Mann –, sondern finanzierten sie auch.

Entgegen jahrzehntelanger kommunistischer Propaganda stand von Anfang an fest, dass der Norden den Süden überfallen hatte. Wir wissen heute genau, wie es zu dieser Entscheidung kam. Die treibende Kraft war Kim Il Sung. Er traf Stalin im April 1950 in Moskau und versicherte dem sowjetischen Diktator, dass die Nordkoreaner Südkorea innerhalb von drei Tagen überrennen würden, kommunistische Sympathisanten würden sich dann im Süden erheben und die Befreier willkommen heißen; alles würde so schnell gehen, dass die USA keine Zeit zum Eingreifen hätten, falls sie sich dafür entscheiden sollten. Stalin machte seine Zustimmung zum Angriff von einer entsprechenden Zusicherung der Chinesen abhängig, die Nordkoreaner zu unterstützen: Stalin wörtlich: »Falls euch die Amerikaner niedermachen, werde ich keinen Finger rühren. Ihr müsst Mao um Hilfe bitten.«

In Peking war Mao anfangs skeptisch und verwies auf die Möglichkeit eines amerikanischen Eingreifens. Aber schließlich stimmte auch er zu, offensichtlich aus zwei Gründen: Zum einen plante er selbst die Invasion Taiwans und hatte um sowjetische militärische Unterstützung gebeten. Stalin hatte das anfangs aus Furcht, die Amerikaner damit zu provozieren, ausgeschlossen. Während des Besuchs von Mao in Moskau einige Wochen zuvor – möglicherweise als Reaktion auf die Erklärung Achesons vom Januar – hatte er aber seine Meinung geändert und die Chinesen ermuntert. Angesichts dieser Meinungsänderung Stalins konnte Mao sich wohl kaum gegen Kims Pläne aussprechen, ohne bei Stalin eine mögliche Sinnesänderung mit Blick auf Taiwan hervorzurufen.

Ein zweiter Grund kam hinzu: Kim hat Stalins Optimismus in Peking weit übertrieben dargestellt und von daher sowohl Stalin als auch Mao manipuliert, den Angriff zu genehmigen. Immerhin hatte Stalin schon vor Maos Zustimmung militärische Aufbaupläne in Nordkorea genehmigt. Sowjetische Generäle waren an der Detailplanung beteiligt; Angriffsbefehle, die Stalin persönlich genehmigte, sprachen von Gegenangriffen, um so den Eindruck zu erwecken, als ob Südkorea Nordkorea angegriffen hätte.

Sowjets und Nordkoreaner waren dann aber über die schnelle Entscheidung der Amerikaner mehr als erstaunt. Das führte zu der eher unangenehmen Situation für die Sowjetunion bei den Vereinten Nationen.

Nachdem es mit Hilfe aus den USA eingeflogener Elitesoldaten gelungen war, im Südosten Koreas bei Pusan einen Brückenkopf zu bilden, begannen in Washington Planungen, durch Einsatz massiver Kräfte nicht nur die militärische Wende herbeizuführen, sondern den 38. Breitengrad zu überschreiten und Korea wieder zu vereinen. Am Beginn dieses Unternehmens stand die erfolgreiche amphibische Landung in Inchon – eine taktische Meisterleistung MacArthurs. Als weder Rotchina noch die Sowjetunion eingriffen, erhielt MacArthur nach Zustimmung Trumans am 27. September die Genehmigung zum Überschreiten des 38. Breitengrades. Erst am 7. Oktober gab es eine entsprechende Entscheidung der UNO-Vollversammlung. Am selben Tag überschritten US-Truppen den 38. Breitengrad.

Obwohl es in den folgenden Tagen Hinweise für ein Eingreifen Chinas gab, hielt die CIA dies nicht für möglich. Sie nannte gewichtige Gründe gegen eine Intervention. Die chinesischen Kommunisten, so hieß es da, schreckten zweifelsohne vor den Konsequenzen eines Krieges mit den USA zurück. Die innenpolitischen Probleme Chinas seien so groß, dass die Wirtschaft durch ein militärisches Eingreifen in Korea gefährdet würde. Die antikommunistischen Kräfte im Lande würden dadurch ermutigt und die Existenz des gesamten kommunistischen Regimes aufs Spiel gesetzt. Eine offen durchgeführte Intervention würde außerdem die Chancen auf Mitgliedschaft in der UNO und im Weltsicherheitsrat auf Null reduzieren und ohne die Unterstützung durch sowjetische Luft- und Seestreitkräfte zu ungeheuren Verlusten an Menschen führen. Eine solche Unterstützung sei jedoch nicht sicher, da dies eine sowjetische Intervention mit all den bekannten Konsequenzen darstellen würde. Außerdem würde

Peking durch massive sowjetische Hilfe noch abhängiger von Moskau werden und der sowjetische Einfluss in der Mandschurei in einem für die Chinesen unerträglichen Maß anwachsen. Aus Sicht der CIA kam hinzu, dass vom militärischen Standpunkt aus der günstigste Zeitpunkt für eine Intervention längst vorüber war.

Truman hielt es dennoch für notwendig, persönlich mit MacArthur zu konferieren. Am 15. Oktober kam es auf Wake Island im Pazifik zu jener spektakulären Zusammenkunft, die Truman mit dem beruhigenden Gefühl verließ, dass es tatsächlich keine chinesische Gefahr gebe. Den besten Zeitpunkt zum Eingreifen hätte China verpasst, so MacArthur. Würden die Chinesen trotzdem versuchen, nach Pjöngjang vorzustoßen, »werden wir sie abschlachten«. Die CIA war davon überzeugt, dass die Sowjetunion nur eingreifen würde, wenn Stalin beschlossen habe, Korea zum Anlass eines globalen Angriffs auf die USA zu nehmen, was für unwahrscheinlich gehalten wurde.

Am 19. Oktober nahmen US/UNO-Truppen Pjöngjang ein, am 24. Oktober erteilte MacArthur den Befehl, mit US-Truppen an den koreanisch-chinesischen Grenzfluss Yalu vorzustoßen. Am 20. November standen die ersten Amerikaner am Yalu, am 24. November befahl MacArthur die Endoffensive; Weihnachten sollte alles vorbei sein.

Fast zur gleichen Stunde startete Rotchina seinen Gegenangriff. Der CIA war einer ihrer schwersten Fehler unterlaufen: Mehr als 200 000 Chinesen hatten nämlich unbemerkt den Yalu überquert, mehr als 300 000 stießen jetzt nach.

Bereits am 29. September hatte Kim Stalin um Hilfe gebeten. Der schickte jedoch keine Truppen, sondern lediglich Material (später dann allerdings MiG-Jäger, mit nordkoreanischem Hoheitszeichen, aber sowjetischen Piloten). Am 1. Oktober bat Kim Mao um Intervention. Wir wissen heute, dass Mao bereits zu diesem Zeitpunkt den Entschluss getroffen hatte, in den Krieg einzugreifen. Seine Generäle hatten ihm einen Sieg vorausgesagt, angesichts amerikanischer Truppen, die politisch wenig motiviert seien, keine Nachtangriffe durchführen könnten, taktisch unflexibel seien, Angst vor dem Sterben und überlange Verbindungswege über den Pazifik hätten. Für Mao würde ein Sieg in Korea auch seine Position in China selbst konsolidieren. Am 8. Oktober fuhr Ministerpräsident Tschou En-lai nach Moskau, um mit Stalin Einzelheiten der militärischen Operation auszuarbeiten. Stalin war vorsichtig: Er machte klar, dass er möglicherweise überhaupt keine Hilfe zur Verfügung stellen und höchstens den Luftraum über China sichern könne, nicht aber der vorrückenden chinesischen Armee Luftunterstützung geben könne. Er befürchtete offensichtlich den direkten Zusammenstoß mit amerikanischen Truppen und wollte keinen Krieg riskieren. Die Chinesen betrachteten Stalins Entscheidung als Verrat, dies auch mit Blick auf den wenige Monate zuvor geschlossenen Bündnisvertrag. Mao stoppte alle Vorbereitungen für eine Intervention. Ohne chinesische Truppen würde Nordkorea zusammenbrechen. Stalin erkannte, dass Mao nur bluffte: Am 12. Oktober befahl er Kim, sich hinter die chinesische Grenze zurückzuziehen und eine Exilregierung aufzubauen. Das hätte bedeutet, dass amerikanische Truppen an der chinesischen Grenze stehen würden. Mao gab nach. Für die horrenden chinesischen Verluste machte er später Stalin verantwortlich, der seine Zusage einer Luftunterstützung nicht eingehalten hatte. Das spätere Zerwürfnis zwischen Peking und Moskau hat hier seinen Ursprung.

Zunächst aber führte der Vorstoß der Chinesen zur wahrscheinlich schwersten militärischen Niederlage der USA im 20. Jahrhundert. Bei der 8. US-Armee spielten sich erschreckende Szenen ab. Lediglich das X. Corps im Osten – die »Ledernacken« – leistete Widerstand. In Washington herrschte Krisenstimmung. In einer Einschätzung der nationalen Sicherheitslage hieß es:

> »Die sowjetischen Machthaber sind motiviert einerseits durch die marxistisch-leninistisch-stalinistische Ideologie und andererseits durch Überlegungen, die mit der Stellung der Sowjetunion als einer Weltmacht zusammenhängen. Ihr letztes Ziel ist es, eine

kommunistische Welt zu errichten, die von ihnen selbst oder ihren Nachfolgern kontrolliert wird.«

Am 1. Dezember hieß es in einer Situationsanalyse: »Moskau will die Zerstörung der USA, und Korea ist nur ein Teil einer größeren Operation, die Moskau im weltweiten Kampf gegen uns geplant hat.« Der Aufbau von Flugplätzen in China lasse nur einen logischen Schluss zu: Es würden Vorbereitungen getroffen, um diese Flugplätze für die sowjetische Luftwaffe zu nutzen. Für den Fall einer Ausweitung des Krieges würden die Kommunisten neue Operationen gegen Korea und Japan gleichzeitig starten: sowjetische Invasion mit Luftlandetruppen auf der Insel Hokkaido. Möglich seien auch chinesische Operationen in Indochina, Hongkong, den Philippinen, Thailand und Burma. Diese Aktionen könnten auf Europa und die BRD und/oder den Iran ausgedehnt werden. Wenn die Sowjets Japan oder die BRD angreifen würden, dann würden sie wahrscheinlich auch Industrieanlagen und Verwaltungszentren in den USA angreifen. Die USA aber seien zur Zeit nicht in der Lage, sowjetische Luftlandetruppen, die über Alaska und/oder Kanada vorstoßen würden, zurückzuschlagen: »Das nächste Pearl Harbor kommt möglicherweise noch überraschender als das erste.« Erstmals in der Geschichte der USA rief Truman am 16. Dezember 1950 den nationalen Notstand aus, der u.a. staatliche Eingriffe ins Wirtschaftsgefüge und eine massive militärische Aufrüstung ermöglichte.

Tatsächlich stabilisierte sich die Front in Korea im Frühjahr 1951 entlang des 38. Breitengrades. Die militärische Entwicklung hatte Washington die bittere Entscheidung zwischen einer von den Kommunisten erzwungenen Aufgabe Koreas und dem offenen Krieg gegen Rotchina mit Einsatz der Atombombe erspart. Korea blieb ein begrenzter Krieg mit konventionellen Waffen. Die amerikanische Führung wollte und musste daher nicht in die ihrer Meinung nach vom Kreml aufgestellte gigantische Falle laufen und die Masse der eigenen Truppen in Korea beziehungsweise Asien engagieren und

Europa damit den Sowjets ausliefern. Mit den Worten von General Omar Bradley, dem Nachfolger MacArthurs: »Ein solcher Krieg wäre der falsche Krieg am falschen Ort zur falschen Zeit gegen den falschen Gegner.«

Zu den Verlierern gehörte der 71jährige General MacArthur. Er war nach wie vor für eine Bombardierung Rotchinas, für den Einsatz der Atombombe, für die große Kraftprobe zwischen freier Welt und Kommunismus. Für ihn gab es, wie er meinte, »keinen Ersatz für den Sieg«. Als er die Absicht Trumans, Verhandlungen über einen Waffenstillstand einzuleiten, durch eine öffentliche Erklärung zu unterlaufen versuchte, wurde er am 11. April 1951 von Truman seines Kommandos enthoben.

In den folgenden zwei Jahren kamen die im Juli 1951 in Korea aufgenommenen Waffenstillstandsverhandlungen nicht voran. Es war Stalin, der die Beendigung des Krieges verhinderte. Kim wollte ein Ende, aber auch Mao. Im August 1952 ließ Stalin mitteilen, dass der Krieg in Korea eine nützliche Form der Erziehung sei in einem Krieg, der wenig koste, mit Ausnahme von Menschen, die entbehrlich seien. Stalin lieferte jene Waffen, die die Chinesen benutzten. Falls er die Waffenlieferungen stoppen sollte, würde die Gefahr einer Invasion durch Tschiang Kai-schek wachsen. Tschou En-lai bat Stalin um eine Garantie für weitere Hilfe, falls die Amerikaner den Krieg ausweiten würden. Stalin stimmte lediglich zu, sowjetische Truppen in Port Arthur als Abschreckung weiter stationiert zu halten. Den Amerikanern war damals nicht klar, dass es Stalin war, der an der Fortsetzung des Krieges interessiert war.

Im Frühjahr 1953 billigte die neue, republikanische Administration unter Dwight D. Eisenhower einen Entwurf der Vereinigten Stabschefs, in dem zur Beendigung des Krieges die Ausweitung zum »großen Krieg« unter Einsatz strategischer und taktischer Atomwaffen vorgesehen war. Die Durchführung des Planes blieb der Welt erspart. Nach dem Tod Stalins konnte der Krieg unter dem Eindruck der amerikanischen Entschlossenheit durch einen Waffenstillstand am 27. Juli 1953 beendet werden. Der 38. Breitengrad wurde in den folgenden Jahren zu einer der Grenzen des Kalten Krieges, die mit die meisten Todesfälle zu verzeichnen hatten.

Der in den USA über Jahrzehnte so genannte »vergessene Krieg« hatte weitreichende Folgen: 36 000 amerikanische Soldaten starben, 100 000 wurden verwundet; erst 1998 wurde ihnen in Washington ein Denkmal gesetzt. Die Verluste auf koreanischer und chinesischer Seite werden auf 1,7 Millionen Tote und Verwundete geschätzt. Eine Million Zivilisten fanden im Süden den Tod, mehr als doppelt so viele im Norden. In den USA löste der Krieg apokalyptische Ängste über die kommunistische Weltverschwörung aus. Das innenpolitische Klima wurde auf Jahre belastet. Es begann die Periode des McCarthyismus: die antikommunistische Hexenjagd. Größte Konsequenzen hatte der Krieg schließlich für das amerikanisch-chinesische Verhältnis: Er vergiftete für Jahrzehnte die Beziehungen und zwang Peking für lange Zeit an die Seite Moskaus. Tschiang Kai-schek war und blieb der Verbündete der USA, gesichert u.a. durch die 7. US-Flotte, die Maos Pläne einer Invasion der Insel zunichte machte. Und er führte dazu, dass die USA Japan als Verbündeten suchten und dessen Wiederaufbau vorantrieben.

Gleichzeitig führte Stalins, Maos und Kim Il Sungs gigantische Fehlkalkulation zu einer massiven Aufrüstung in den USA. NSC 68 wurde jetzt umgesetzt: die US-Streitkräfte von 2,5 Mio. auf 3,5 Mio. Soldaten erhöht, die konventionelle und atomare Rüstungsproduktion beschleunigt, die Militärhilfe an die Verbündeten verstärkt, insbesondere Frankreichs Krieg in Indochina massiv unterstützt (bis zu 75 % der Kosten), die NATO bei gleichzeitiger Wiederbewaffnung der Bundesrepublik Deutschland unter dem neu ernannten Oberbefehlshaber, dem berühmten General des Zweiten Weltkriegs, Dwight D. Eisenhower, ausgebaut und die Gründung eines Verteidigungspaktes in Südostasien – SEATO – vorbereitet.

Berlinkrise und Mauerbau

Am 26. Mai 1952 unterzeichneten die Außenminister Anthony Eden (Großbritannien), Robert Schuman (Frankreich), Dean Acheson (USA) und Bundeskanzler Konrad Adenauer in Bonn den so genannten Deutschlandvertrag. Als Reaktion darauf riegelte die DDR am gleichen Tag die innerdeutsche Grenze ab: Von nun an gab es eine fünf Kilometer breite Sperrzone und einen zehn Meter breiten Kontrollstreifen, der für viele zum Todesstreifen wurde. Die Bewohner im östlichen Zonengrenzgebiet wurden zwangsausgesiedelt. In der »Verordnung über weitere Maßnahmen zum Schutz der Deutschen Demokratischen Republik« hieß es, die Maßnahme sei getroffen worden, »um ein weiteres Eindringen von Diversanten, Spionen, Terroristen und Schädlingen in das Gebiet der Deutschen Demokratischen Republik zu verhindern«. Tatsächlich ging es darum, die Fluchtbewegung aus der DDR zu stoppen: Wurden im ersten Halbjahr 1952 insgesamt 72 226 Flüchtlinge registriert, so waren es im zweiten Halbjahr bereits 110 167, von Januar bis Mai 1953 184 793. Langfristig musste diese Fluchtbewegung zum Zusammenbruch des »ersten Arbeiter- und Bauernstaates auf deutschem Boden« führen. Es galt daher, das einzige Schlupfloch für DDR-Bürger, West-Berlin, zu stopfen. Seit Anfang 1953 forderte die SED-Führung immer wieder von den Sowjets, entsprechende Kontrollen an der Sektorengrenze in Berlin einzuführen. Immer wieder wurde dies von den Sowjets abgelehnt. Im März 1953 ließ Außenminister Molotow Otto Grotewohl und Walter Ulbricht mitteilen, dass die von der SED vorgeschlagenen Maßnahmen zu einem totalen Chaos in Berlin mit seinen Millionen Einwohnern führen würden:

> »Die Wirtschaft der Stadt kommt durcheinander und – noch negativer – die Interessen der Bevölkerung nicht nur in West-, sondern auch in Ost-Berlin würden betroffen und zu Bitterkeit und Unzufriedenheit bei den Berlinern führen mit Blick auf die Regierung

> der DDR und den sowjetischen Truppen in Deutschland; das wiederum wird möglicherweise von den drei Westmächten gegen die DDR und die Sowjetunion ausgespielt.«

Im Übrigen würde eine solche Maßnahme die Wiedervereinigungspolitik der sowjetischen Regierung und auch der DDR ernsthaft in Frage stellen und die Beziehungen der Sowjetunion zu den USA, Großbritannien und Frankreich erschweren.

Ein weiterer Vorstoß der SED-Führung im Oktober 1960 – zwei Jahre nach dem sowjetischen Berlin-Ultimatum – wurde ebenfalls von den Sowjets zurückgewiesen. Zu diesem Zeitpunkt drängte die SED-Führung noch massiver, »das Tor zum Westen« zu schließen, um den Exodus der Bevölkerung zu stoppen und den Zusammenbruch der DDR zu verhindern. Mit US-Präsident Eisenhower gab es in der Berlinfrage keinen Kompromiss, möglicherweise aber mit dessen Nachfolger John F. Kennedy. Chruschtschow wollte den jungen Präsidenten bei dem Zusammentreffen in Wien am 3. und 4. Juni 1961 einschüchtern. Für Kennedy wurde dieses Treffen in vielfacher Hinsicht zu einem Schlüsselerlebnis. Chruschtschow gab sich brutal und übergab Kennedy ein weiteres, auf sechs Monate befristetes Ultimatum mit den Worten:

> »Drohungen von Ihrer Seite werden uns nicht aufhalten. Wir wollen keinen Krieg; wenn Sie ihn uns aber aufzwingen sollten, wird es einen geben [...]. Beachten Sie also, Herr Präsident, dass dies unser unumstößlicher Entschluss ist und wir den Friedensvertrag [mit der DDR] im Dezember dieses Jahres unterzeichnen werden.«

Kennedy antwortete, es würde dann wohl einen kalten Winter geben.

Im Urteil seiner Berater hatte Chruschtschow Kennedys Hoffnungen zerstört; er war »sprachlos« und »verunsichert«. Er habe nur »herumgetanzt«, wie der Stellvertretende US-Verteidigungsminister Paul Nitze meinte. Kennedy verfluchte den Sowjetführer: »Er hat mich wie einen kleinen Jungen behandelt.« Der britische Premierminister Harold Macmillan hatte den Eindruck, dass Kennedy »beeindruckt und geschockt« war: »Es war ungefähr so, als wenn jemand Napoleon auf der Höhe seiner Macht zum ersten Mal träfe.«

Die Briten wollten verhandeln. Macmillan überschätzte sich dabei maßlos und sah sich als führenden Staatsmann des Westens. Vom amerikanischen Präsidenten erwartete er wenig, vor allem nicht die Initiative zu Verhandlungen, um die Krise zu entschärfen. Von daher sah er seine Stunde erst noch kommen.

Ein Blick in die Akten zeigt, wie wenig realistisch westdeutsche Hoffnungen auf eine scharfe amerikanische Reaktion nach dem 13. August waren. Da wollte niemand die Stacheldrahtverhaue niederreißen. Washington wollte jetzt mit den Sowjets verhandeln! Der Kontakt sollte von Botschafter George F. Kennan in Belgrad geknüpft werden. Bereits am 14. August erteilte Außenminister Dean Rusk Kennan in einem top-secret-Telegramm die entsprechenden Instruktionen. Dabei sollte Kennan vor allen Dingen darauf achten, dass die Alliierten, »insbesondere die Deutschen«, von diesen Gesprächen nichts erfahren würden. Als der sowjetische Botschafter fragte, ob die USA zwei deutsche Staaten anerkennen würden, antwortete Kennan, das erscheine ihm vernünftig. Chruschtschow wusste jetzt, dass Kennedy in der deutschen Frage Zugeständnisse machen würde. Für Rusk war durch den Mauerbau eine Lösung der Berlinkrise eher leichter geworden; Kennedys Sicherheitsberater sprach gar von einer Episode.

Auch die Briten wurden vom Mauerbau nicht überrascht. Man wunderte sich eigentlich nur darüber, dass die DDR nicht schon viel früher die Sektorengrenzen abgeriegelt hatte.

Das änderte allerdings nichts daran, dass es in West-Berlin und in der Bundesrepublik zu einer Vertrauenskrise kam. Die »Bild«-Zeitung brachte es am 16. August mit einer stacheldrahtumrankten Titelseite in dicken Lettern auf den Punkt:

»Der Westen tut NICHTS!«

Die Warnungen der Amerikaner in Berlin und Bonn vor weiterer Untätigkeit führten dann zu einer graduellen Änderung der amerikanischen Politik – wenn auch nur im Atmosphärischen. Dazu gehörte die Entscheidung Kennedys, die US-Garnison in Berlin um eine Kampftruppe von 1500–1800 Mann zu verstärken – dies im Übrigen gegen den Widerstand von Verteidigungsminister Robert M. McNamara –, sowie Vizepräsident Lyndon B. Johnson auf Kurzbesuch und den »Helden« der Luftbrücke von 1948/49 General Lucius D. Clay als seinen persönlichen Vertreter nach Berlin zu schicken.

Amerikaner und Briten wollten sich positiv verhalten. Auf Kosten Bonns! Die Westdeutschen, so Dean Rusk noch vor dem Mauerbau zu seinem britischen Kollegen, »werden viele Dinge schlucken müssen, die sie bis jetzt für unmöglich gehalten haben«. Die Amerikaner würden die Deutschen härter anfassen, als die Briten bislang geglaubt hätten.

Kennedy äußerte sich intern in nicht zu überbietender Arroganz über westdeutsche Politiker; sie sollten ihre »Schnauzen ruhig in den Schweinetrog Berlin stecken«, wenn sie wollten (und möglicherweise selbst mit den Sowjets verhandeln). Die Briten waren noch schlimmer. In einem Schreiben vom Februar 1962 kann man schwarz auf weiß nachlesen, dass Macmillan und sein Außenminister Home keine Wiedervereinigung wollten. Das war kein Thema mehr, genauso wenig wie die atomare Bewaffnung der Bundeswehr. Auf der anderen Seite erhielt die DDR auch nicht den immer wieder geforderten Friedensvertrag. Die Anglo-Amerikaner und die Sowjetunion hatten übergeordnete eigene Interessen.

»Die Mauer«, so Chruschtschow am 26. Februar 1962 zu Ulbricht, »war das Maximum dessen, was möglich war.« Beide – Chruschtschow und Kennedy – waren für »ihre« Deutschen so weit wie möglich gegangen. Wären sie weiter gegangen, hätte das möglicherweise die Zerstörung der eigenen Städte bedeutet – und das wegen jener Stadt, die beide Völker 16 Jahre zuvor gemeinsam im Kampf gegen die Deutschen zerstört hatten. Das war absurd. Kennedy äußerte sich dazu wenige Stunden nach seinem Treffen mit Chruschtschow in Wien im Juni 1961 folgendermaßen:

»Es wirkt doch einfach idiotisch, dass wir wegen eines Vertrages, der Berlin als zukünftige Hauptstadt eines wiedervereinten Deutschland vorsieht, mit der Gefahr eines Atomkrieges konfrontiert sind – wo wir doch alle wissen, dass Deutschland wahrscheinlich nie mehr wiedervereinigt wird!«

Kubakrise

Am Mittag des 22. Oktober 1962, einem Montag, kündigte der Pressesprecher des Weißen Hauses in Washington für 19 Uhr eine Rundfunk- und Fernsehansprache des Präsidenten »von höchster nationaler Dringlichkeit« an. Als John F. Kennedy sechs Stunden später seine Ansprache begann, schauten 100 Millionen Amerikaner zu. Der Präsident teilte etwas Ungeheuerliches mit: Die Sowjetunion habe Atomraketen auf Kuba stationiert. Jede dieser Raketen könne die meisten der großen Städte der westlichen Hemisphäre, von der Hudson Bay in Kanada bis hinunter in den Süden, nach Lima in Peru, treffen. Dies sei eine explizite Bedrohung für den Frieden und die Sicherheit aller Amerikaner.

Die Sowjets bezichtigte er der mehrfachen Lüge, allen voran Außenminister Gromyko, der ihm noch vor wenigen Tagen versichert habe, es gebe nur defensive Waffen auf Kuba. Um den weiteren Aufbau der Abschussbasen zu stoppen, kündigte er eine »Quarantäne«, eine Blockade gegen alle Schiffe an, die offensiv-militärisches Material nach Kuba bringen wollten. Alle derartigen Schiffe würden zur Umkehr gezwungen. Er habe außerdem die amerikanischen Streitkräfte angewiesen, sich auf alle Eventualitäten vorzubereiten. Dann machte er unmissverständlich klar: Sollte auch nur eine Rakete von Kuba aus abgeschossen werden, werde dies als Angriff der Sowjetunion auf die Vereinigten Staaten angesehen und zu einem »massiven Vergeltungsschlag gegen die Sowjetunion« führen. Dann wörtlich: »Ich appelliere an den Vorsitzenden Chruschtschow, diese verheimlichte, rücksichtslose und provokative Bedrohung des Weltfriedens zu beenden. [...] Er hat jetzt die Gelegenheit, die Welt vor dem Abgrund der Vernichtung zu bewahren [...] und diese Waffen aus Kuba abzuziehen.«

Inzwischen waren die wichtigsten Kongressabgeordneten nach Washington gebracht worden, einige sogar in Kampfjets der Air Force. Um 18.00 Uhr war der sowjetische Botschafter in Washington Anatolij Dobrynin von Außenminister Dean Rusk über die Raketen informiert worden, von denen Dobrynin nichts wusste. Als er das State Department betrat, lächelte er noch, als er es verließ, war er aschfahl und sichtlich erschüttert. Zurück in der Botschaft, telefonierte er mit dem Kreml und gab einen Brief Kennedys durch. Der amerikanische Präsident verwies darin auf sein Gipfeltreffen mit Chruschtschow in Wien im Juni 1961 und stellte klar, dass er es nicht für möglich gehalten habe, dass irgendein vernünftiger Mensch die Welt in einen Atomkrieg hetzen würde. In jedem Fall aber sei er entschlossen, die Raketen, »diese Bedrohung der westlichen Welt«, zu beseitigen.

Zu diesem Zeitpunkt bewegten sich fünfzig amerikanische Kriegsschiffe in Richtung Süden, um den Blockadering um Kuba zu schließen. Kennedy gab gleichzeitig Befehl, mit den Vorbereitungen zur Operation »Scabbards« zu beginnen: eine achttägige Übung, an deren Ende am 30. Oktober 90 000 Marine- und Luftwaffensoldaten Kuba besetzen würden. Für das gesamte Militär galt ab sofort die Alarmstufe DEFCON-3 (Defense Condition 3). DEFCON-1 bedeutete Krieg. Mehr als 200 Interkontinentalraketen im amerikanischen Westen wurden für den Start vorbereitet, ein Dutzend Polaris-U-Boote mit 144 Atomraketen an die Küsten der Sowjetunion beordert, 60 B-52-Bomber mit 196 Wasserstoffbomben an Bord waren von nun an ständig in der Luft; die Piloten hatten versiegelte Umschläge mit den Einsatzbefehlen erhalten. 628 weitere Bomber mit insgesamt 2026 Atombomben an Bord wurden rund um die Welt in Alarmbereitschaft versetzt. Am nächsten Morgen meinte Außenminister Dean Rusk zu seinem Staatssekretär George Ball, der im Büro geschlafen hatte: »Wir haben einen erheblichen Sieg errungen. Wir sind beide noch am Leben.« Und der britische Premierminister Harold Macmillan schrieb in sein Tagebuch: »Dies ist der erste Tag der Weltkrise!« Genauso war es. Die Welt stand am Rande des Atomkrieges. Wie war es dazu gekommen?

Zwischen Kuba, jener Insel, die nur 90 Meilen vor Florida liegt, und den USA hatte es immer besondere Beziehungen gegeben. Seit der »Befreiung« im amerikanisch-spanischen Krieg 1898 war Kuba in völlige Abhängigkeit von den USA geraten. Seit 1902 hatten die USA dreimal in Kuba interveniert, um ihre Investitionen zu schützen. Am Ende des Zweiten Weltkriegs kontrollierten sie 80 % der kubanischen Wirtschaft, 40 % der Zuckerindustrie, 90 % der Förderung von Rohstoffen. Das kubanische Leben wurde von Washington aus kontrolliert, da das einzige Exportgut Zucker war. Die jeweilige Menge, die importiert werden konnte, wurde in Washington festgelegt. Botschafter Earl Smith meinte später einmal, der Einfluss sei so groß gewesen, dass der amerikanische Botschafter der zweitwichtigste Mann war, manchmal sogar wichtiger als der Präsident.

Präsident war Fulgencio Batista. Seine einzige Stütze war die Armee, die von den USA ausgerüstet wurde. Als Mitte der Fünfziger erkennbar wurde, dass Batista mehr und mehr zu einem sich selbst bereichernden und korrupten Diktator wurde, ließen die USA ihn fallen. Wenig später war alles zu Ende. Nach einem Generalstreik flüchtete Batista Neujahr 1959; eine Woche später, am 8. Januar, zogen die Rebellen um Fidel Castro und Ernesto »Che« Guevara in die Hauptstadt Havanna ein und wurden dort von einer großen Menschenmenge bejubelt. Ein langer Kampf war siegreich beendet worden.

Castro bildete eine Revolutionsregierung, in der auch liberale Minister waren. Anfangs genoss der »Maximo Lider« sogar in der amerikanischen Öffentlichkeit ein gewisses Ansehen; für viele war er eine romantische Figur. Man erwartete von ihm, dass er die bürgerlichen Rechte wieder einführen, dabei allerdings amerikanische Besitzrechte nicht antasten würde. Die ersten Zweifel kamen in Washington auf, als Castro eine Agrar- und Sozialreform einführte und amerikanische Gesellschaften besteuerte. Der Chef des amerikanischen Geheimdienstes CIA Allan W. Dulles meinte zu Präsident Eisenhower, »Kommunisten und andere extreme Radikale haben offensichtlich die Castro-Regierung unterwandert.« Die ersten entschädigungslosen Enteignungen amerikanischen Grundbesitzes im Sommer 1959 schienen diese Einschätzung zu bestätigen. In gleichem Maße, wie das Misstrauen in Washington stieg, zeigte Moskau mehr und mehr Interesse an Kuba. Wirtschaftsminister Che Guevara und Verteidigungsminister Raoul Castro – ein Bruder Fidels – waren Kommunisten; hier konnten sich interessante Möglichkeiten ergeben, um Kuba als Ausgangspunkt für mögliche marxistische Befreiungsbewegungen in Lateinamerika zu benutzen. So schaukelten sich die Dinge langsam, aber sicher hoch. Am 4. Februar 1960 unterzeichnete Chruschtschows Stellvertreter Anastas Mikojan auf Kuba ein sowjetisch-kubanisches Handelsabkommen. Chruschtschow erklärte die Monroe-Doktrin – »Amerika den Amerikanern« – für tot.

Im Mai 1960 nahm Kuba offiziell diplomatische Beziehungen mit der Sowjetunion auf. Die USA reagierten mit einem Handelsembargo, stoppten den Import von kubanischem Zucker und die Lieferung von Öl. Die Sowjetunion sprang ein, verpflichtete sich zum Kauf von 700 000 Tonnen Zucker jährlich bis hin zur gesamten Zuckerernte Kubas; sowjetische Tanker brachten Öl nach Kuba. Als die Firmen Shell, Esso und Texaco sich weigerten, dieses Öl zu raffinieren, verstaatlichte Castro die Raffinerien. Bis Oktober 1960 wurde dann der gesamte amerikanische Besitz auf der Insel in Höhe von etwa 850

Millionen Dollar enteignet. Am 2. Januar 1961 brachen die USA die diplomatischen Beziehungen mit Kuba ab. Aus dem »Hinterhof der USA« war ein Vorposten des Kreml geworden, für Washington eine unerträgliche Situation. Bereits am 17. März 1960 hatte Eisenhower die Operation »ZAPATA« – benannt nach der Halbinsel auf Kuba (mit der Schweinebucht) – für eine Invasion Kubas gebilligt. Die CIA bildete dafür in Guatemala Exilkubaner aus. Sie war davon überzeugt, dass bei einer Landung ein Aufstand der Bevölkerung gegen Castro beginnen werde. Am 19. Januar 1961 – einen Tag vor der Amtseinführung des neuen Präsidenten John F. Kennedy – unterrichtete Eisenhower seinen Nachfolger auch über die geheimen Pläne der CIA. Kennedy gab seine Zustimmung unter der Bedingung, eine direkte Beteiligung der USA zu vermeiden. Als er wenig später endgültig grünes Licht gab, warnte ihn der Sprecher des außenpolitischen Senatsausschusses J. William Fulbright, dies sei jene Art von Scheinheiligkeit und Zynismus, die die USA ständig der Sowjetunion zum Vorwurf machten. Das Unternehmen, das jetzt »TRINIDAD« hieß – nach der kubanischen Stadt, wo die Landung stattfinden sollte –, werde Amerikas Ansehen in der Welt untergraben und es Kennedy unmöglich machen, gegen Vertragsverletzungen der Kommunisten zu protestieren. Kennedy ignorierte diese Warnung. Hätte er die Operation abgeblasen, so meinte er später, so wäre das als ein Zeichen der Schwäche interpretiert worden; und das sei unvereinbar mit seiner im Wahlkampf vertretenen Position der Stärke. Gleichzeitig bedauerte er immer wieder, dass er sich zu sehr auf die CIA und die Stabschefs verlassen habe (obwohl Letztere nur von einer »einigermaßen guten« Erfolgschance gesprochen hatten, was in deren Sprache weniger als 50% bedeutete).

Der erste »Stellvertreterkrieg« scheiterte denn auch kläglich. Sechs ausgediente amerikanische B-26-Bomber – in kubanischen Farben – starteten zu spät von Nicaragua aus zur Unterstützung der Invasion am 17. April: Man hatte die eine Stunde Zeitdifferenz nicht berücksichtigt. Entscheidend war aber wohl, dass Kennedy in letzter Minute amerikanische Luftunterstützung abgelehnt hatte. So nahm das Desaster seinen Lauf. Castro setzte gegen die 1500 mangelhaft ausgerüsteten Exilkubaner sowjetische Panzer ein; nach drei Tagen war alles vorbei. Mehr als 100 Exilkubaner waren tot, nur 14 wurden von der US-Marine gerettet. Einen Aufstand gegen Castro gab es nicht. Castro selbst gab die Vernichtung der »Söldnerarmee« bekannt, die von der US-Armee organisiert worden sei. Die USA hätten es nicht verwunden, dass vor ihrer Tür eine erfolgreiche sozialistische Revolution stattgefunden habe.

Trotz – oder wegen – des Desasters in der Schweinebucht war Kennedy entschlossen, das Castro-Regime zu beseitigen. So genehmigte er im November 1961 die Operation »MONGOOSE« (Mungo), verdeckte Operationen zur Vorbereitung eines Aufstandes gegen Castro. Gleichzeitig übten Exilkubaner und andere Freiwillige in Florida unter Leitung der CIA weiter für eine Invasion. Verantwortlich war Justizminister Robert F. Kennedy, der jüngere Bruder des Präsidenten. Ab Januar 1962 wurde Miami zur größten CIA-Basis ausgebaut, mit 600 Offizieren und 3000 Exilkubanern, eigener Flotte und eigener Luftwaffe. Im Pentagon wurden gleichzeitig Notfallpläne für Luft- und Bodenangriffe entworfen und im März ein groß angelegtes Landemanöver – »ORTSAC«: Castro rückwärts gelesen – auf einer anderen Karibikinsel mit 79 Schiffen, 300 Flugzeugen und 40 000 Marinesoldaten durchgeführt. In Moskau und Havanna verstärkte sich der Eindruck, dass es früher oder später zu einer Invasion Kubas kommen werde.

Etwa zu diesem Zeitpunkt muss Chruschtschow die Idee gekommen sein, Atomraketen auf Kuba zu stationieren. Inzwischen wissen wir über die amerikanischen Entscheidungen der folgenden Wochen und Monate und insbesondere jener 13 Tage nach Entdeckung der Raketen durch eine U-2 am 14. Oktober weitgehend Bescheid. Weniger gut sind wir über die sowjetische Seite informiert. Noch immer sind die Moskauer Regierungsarchive nahezu unzugänglich – auch für russische Historiker. Für sie ist es die »karibische Krise«, in der die Raketen einen US-Angriff auf Kuba verhindern sollten. Über die wahren Gründe für die Raketenstationierung lässt sich nach wie vor nur spekulieren. Manches deutet in der Tat darauf hin, dass es Chruschtschow um den Schutz Kubas vor einer Invasion ging, damit verbunden war aber auch eine – wenn auch nur psychologische – Veränderung des strategischen Kräfteverhältnisses, auch mit der Möglichkeit, neuen Druck in der Berlinfrage auszuüben. Gegen eine Invasion Kubas hätte die Sowjetunion mit konventionellen Waffen wenig ausrichten können. Mit Atomraketen auf Kuba sah das schon anders aus. Die Amerikaner, so Chruschtschow in seinen Erinnerungen, würden es sich

> »zweimal überlegen, unsere Stellungen durch einen militärischen Schlag zu eliminieren. [...] Und selbst wenn nur ein Viertel oder auch nur ein Zehntel unserer Raketen einen Angriff überstehen würde – oder auch wenn nur eine oder zwei große [Raketen] übrig blieben –, könnten wir damit immer noch New York beschießen, und von dieser Stadt würde dann nicht mehr viel übrig bleiben.«

Nachdem in Großbritannien Thor-Raketen und in Italien und der Türkei Jupiter-Raketen stationiert worden waren und durch die Rede von Gilpatrick vom Oktober 1961 die Unterlegenheit der Sowjetunion auch öffentlich bekannt war, fürchteten die Sowjets ernsthaft einen atomaren Erstschlag der USA. Die Amerikaner, so Chruschtschow später, »hatten unser Land mit Militärbasen umgeben und bedrohten uns mit nuklearen Waffen. Nun sollten sie lernen, wie es ist, wenn feindliche Raketen auf einen gerichtet sind. Wir wollten nicht mehr und nicht weniger, als sie ihre eigene Medizin probieren lassen.« Es gab eine einfache Rechnung: Amerikanische Jupiter-Raketen in NATO-Ländern waren preiswerte amerikanische Interkontinentalraketen, sowjetische Mittelstreckenraketen in Kuba waren preiswerte sowjetische Interkontinentalraketen. Mit dem eingesparten Geld konnte Chruschtschow wichtige innen- und wirtschaftspolitische Reformvorhaben finanzieren, etwa die Agrarreform, die für ihn hohe Priorität hatte.

Es war eine kühne, nachgerade abenteuerliche Idee zu glauben, dass die USA die Stationierung sowjetischer Atomraketen 90 Meilen vor ihrer Küste akzeptieren würden. Von daher war absolute Geheimhaltung notwendig. Castro war zunächst skeptisch, aber weniger aus Furcht vor möglichen militärischen Konsequenzen, als dass Kuba in eine sowjetische Militärbasis verwandelt und dies wiederum sein revolutionäres Image in Lateinamerika beschädigen würde. Er stimmte dann zu, weil er davon ausging, dass ein strategisches Gleichgewicht zwischen den USA und der Sowjetunion hergestellt würde.

Ende Juli begann die Operation »Anadyr« (benannt nach einer Luftwaffenbasis am Polarmeer), das größte amphibische Unternehmen in der Geschichte der Sowjetunion und gleichzeitig die größte Geheimoperation des Kalten Krieges. Selbst die Mannschaften der Schiffe wussten bis zum Atlantik das Ziel noch nicht. Sie mussten Winterkleidung und Skier mit sich führen, um jeden verfrühten Eindruck zu vermeiden, es ginge in die Karibik. Die Schiffe selbst waren als Holzfrachter getarnt, die Raketenteile in den Laderäumen versteckt. Im Schutze der Nacht wurden die Schiffe dann unter Aufsicht des KGB auf Kuba entladen und dann von sowjetischen Soldaten übernommen. Als das Unternehmen am 14. Oktober 1962 von den Amerikanern entdeckt wurde, befanden sich bereits 43 000 sowjetische Soldaten auf Kuba, eine Staffel der modernsten MiG-21-Kampfjäger, 40 IL-28- Mittelstreckenbomber, 36 Mittelstreckenraketen mit einer Sprengkraft von jeweils 66 Hiroshima-Bomben (für 24 Abschussrampen) sowie die Atomsprengköpfe für die Interkontinentalraketen (für die 18 Basen, an denen gebaut wurde). Diese Raketen selbst befanden sich noch auf den Schiffen auf dem Weg nach Kuba. Gleichzeitig waren Pläne in Angriff genommen worden, Kuba zu einer U-Boot-Basis für 11 Boote auszubauen, von denen sieben mit

Atomraketen mit jeweils einer Megatonne ausgerüstet waren (das entsprach etwa dem Hundertfachen der Hiroshima-Bombe). Die sowjetischen SAM-Luftabwehrraketen auf Kuba waren bereits einsatzbereit.

Der CIA waren der Aufbau dieses Abwehrsystems und die zahlreichen sowjetischen Schiffstransporte nicht entgangen. Am 21. August wies der neue CIA-Direktor John McCone auf die Möglichkeit hin, dass die Sowjets Mittelstreckenraketen stationieren könnten. Zwei Tage später wurde eine Empfehlung McCones von Kennedy akzeptiert, nämlich Vorbereitungen zu treffen, um das Land zu besetzen, das Regime zu beseitigen, das Volk zu befreien und Kuba als friedfertiges Land innerhalb der Gemeinschaft der amerikanischen Staaten wiederherzustellen. Öffentlich demonstrierte Kennedy Stärke, als er am 4. September erklärte, dass, sollten sich offensive Waffen auf der Insel befinden, sich daraus schwerwiegende Konsequenzen ergeben würden. Am 7. September wurden 150 000 US-Reservisten zum aktiven Dienst einberufen. Vier Tage später hieß es in einer offiziellen Erklärung der sowjetischen Regierung, Offensivwaffen seien zur Verteidigung Kubas nicht nötig. Am nächsten Tag wurde Kennedy noch deutlicher: Auf einer Pressekonferenz meinte er unter Bezug auf die Kreml-Erklärung, dass, sollte aus Kuba ein offensiver militärischer Stützpunkt der Sowjetunion werden, die USA dann »alles tun werden, was notwendig ist, um ihre eigene Sicherheit und die ihrer Alliierten zu schützen«.

Erst vier Wochen später, am 14. Oktober, war die Wetterlage so, dass wieder ein U-2-Spionageflugzeug über Kuba filmen konnte. Als die Aufnahmen am nächsten Tag entwickelt wurden, zeigten sie die in Bau befindlichen Raketenstellungen nahe San Cristóbal westlich von Havanna. Kennedy wurde am 16. Oktober um 9 Uhr von seinem Sicherheitsberater McGeorge Bundy informiert. Bereits um 11.50 Uhr fand die erste Sitzung einer kleinen Gruppe hochrangiger Diplomaten und Militärs statt, um die Lage zu erörtern. Dieses Exekutivkomitee, bekannt als ExComm, tagte in den folgenden zwei Wochen nahezu ununterbrochen. Für Robert Kennedy begannen jene »13 Tage« zwischen Krieg und Frieden, wie er sie 1968 in seinem gleichnamigen Buch beschrieb (dabei allerdings entscheidende Dinge verschwieg).

Wir wissen inzwischen ziemlich genau, wie die Beratungen dieses ExComm abliefen. Unbemerkt von den Teilnehmern – möglicherweise mit Ausnahme seines Bruders Robert – hat Kennedy nämlich die Gespräche auf Tonband aufnehmen lassen. 1997 sind sie veröffentlicht worden. Sie machen die ganze Dramatik jener Tage deutlich. Sie zeigen auch die zwei Lager in dieser Beratungsrunde, die »Tauben« und die »Falken«. Beide Gruppen waren sich in einem Punkt einig: Die Raketen mussten weg, so oder so, wie Kennedy in der ersten ExComm-Sitzung meinte. Die Militärs, zunächst auch unterstützt von den Kennedy-Brüdern, plädierten von Anfang an für sofortige Luftangriffe, gefolgt von einer Invasion. Es war auch bereits die Rede von einer Seeblockade mit Steigerungsmöglichkeiten. Die Frage war, wie die Sowjetunion reagieren würde. Mit Angriffen gegen die Raketen in der Türkei? Gegenmaßnahmen in Berlin? Am Donnerstag, 18. Oktober, hatte Kennedy ein Treffen mit Gromyko, der sich anlässlich der UNO-Vollversammlung in den USA aufhielt. Kennedy hatte die U-2-Bilder in der Schublade, zeigte sie aber nicht. Stattdessen wiederholte er, was er am 4. September erklärt hatte. Gromyko versicherte nochmals, dass es sich nur um defensive sowjetische Präsenz handle. Die Raketen erwähnte er mit keinem Wort.

Am Abend des 18. Oktober stimmte ExComm ab: 11 Mitglieder waren für eine Seeblockade, sechs für Luftangriffe. Am nächsten Morgen drängten die Militärs Kennedy, den Befehl für Luftangriffe zu geben. Das wäre, so Justizminister Robert Kennedy, »wie Pearl Harbor, nur umgekehrt«. Wie viele Basen würden zerstört werden? Maxwell Taylor, der Vorsitzende der Vereinigten Stabschefs, gab zu bedenken: nur 90 Prozent. Er war dennoch gegen die Seeblockade und für Luftangriffe. Ähnlich auch der ehemalige Außenminister Dean Acheson. Willensstärke sei gefragt, Chruschtschow habe die USA direkt herausgefordert, und: »Wir dürfen nicht vergessen: Wir haben es hier mit einem Verrückten zu tun.« Ähnlich auch McCone, Paul Nitze und Bundy. Diese erfahrenen Kalten Krieger und mit ihnen die Militärs verließen sich auf die amerikanische Überlegenheit im strategischen Atomwaffenarsenal, mit 17:1 der höchste Stand seit 1949. Sie waren davon überzeugt, dass der Kreml bei einem amerikanischen Luftangriff gegen die sowjetischen Basen auf Kuba stillhalten würde. Verteidigungsminister McNamara dagegen zögerte: Er war für die Blockade und brachte einen Gedanken ein, der später eine wichtige Rolle spielen sollte. Er meinte, die ganze Sache werde wohl so zu Ende gehen, dass die US-Raketen in der Türkei und Italien abgebaut werden würden, um die sowjetischen Basen auf Kuba wegzubekommen. Das sei kein großer strategischer Verlust. Was aber, wenn es den Sowjets trotz schwerster Luftangriffe gelingen würde, zwei Atomraketen von Kuba aus abzuschießen, in Richtung Miami oder Cape Canaveral? Auch der ehemalige Botschafter in Moskau Llewellyn Thompson war für eine Blockade, verbunden mit einem 24-stündigen Ultimatum an die Sowjets, um ihnen Zeit zu geben, Kontakte mit ihren Schiffen aufzunehmen und Befehle zur Umkehr zu erteilen. Aber was, wenn dieser Befehl nicht erteilt würde?

Die Zeit drängte, eine Entscheidung musste getroffen werden. Inzwischen waren nämlich die Arbeiten an den ersten 16 Abschussbasen für Mittelstreckenraketen so weit vorangeschritten, dass sie innerhalb von 18 Stunden einsatzbereit waren. Die SAM-Basen waren bereits einsatzbereit. Kennedy entschied sich für die Blockade, die jetzt offiziell Quarantäne hieß (um nicht entsprechende Assoziationen mit Blick auf Berlin hervorzurufen), verbunden mit der Aufforderung an Chruschtschow, die Raketen abzuziehen. Sollte der Kremlführer dem nicht entsprechen, würde ein erster Luftangriff stattfinden. Am Montag, 22. Oktober, sollte dies der Nation mitgeteilt werden – allerdings ohne Hinweis auf den möglichen Luftangriff. Wie würde Chruschtschow reagieren?

Zu diesem Zeitpunkt befanden sich 27 sowjetische oder von den Sowjets gecharterte Schiffe auf dem Weg nach Kuba, 19 von ihnen mit Militärmaterial an Bord. Gleichzeitig wurden die Arbeiten an den Raketenbasen verstärkt fortgesetzt. Die Truppen des Warschauer Paktes in Europa wurden in Alarmbereitschaft versetzt, für Soldaten eine Urlaubssperre verhängt. Chruschtschow zeigte sich unbeeindruckt von Kennedys Rede und drohte »katastrophale Folgen für den Weltfrieden« bei Durchführung der Blockade an. Am Abend war der Blockadering geschlossen. Am nächsten Morgen meinte John F. Kennedy zu seinem Bruder: »Es sieht wirklich schlecht aus, nicht wahr? Aber es gab offensichtlich keine andere Wahl. Wenn die Russen irgendwo durchkommen, wo fangen sie dann als Nächstes an?« Robert Kennedy meinte nur, es habe wohl keine andere Wahl gegeben; hätte sein Bruder anders gehandelt, hätte der Kongress ein Amtsenthebungsverfahren eingeleitet.

Die Militärs dachten anders. Ohne das Weiße Haus zu informieren, erhöhte General Thomas Powers die Alarmbereitschaft des Strategischen Luftwaffenkommandos (SAC) von DEFCON 3 auf DEFCON 2. Und um deutlich zu machen, wie er das meinte, gab er diesen Befehl unverschlüsselt durch, so dass die Sowjets sofort wussten, was los war. Powers hatte intern Folgendes gesagt – was an den Kultfilm des Kalten Krieges *Dr. Strangelove* (*Dr. Seltsam oder Wie ich lernte, die Bombe zu lieben*) mit Peter Sellers erinnert:

> »Zurückhaltung? Warum ist es Ihnen so wichtig, den Russen das Leben zu retten? Es geht doch gerade darum, die Kerle zu töten. Wenn bei Kriegsende zwei Amerikaner und ein Russe am Leben bleiben, dann haben wir gewonnen.«

Die Kremlführung demonstrierte inzwischen immer noch Gelassenheit. Man besuchte eine Aufführung des amerikanischen Opernensembles im Bolschoi-Theater. Anschließend empfing Chruschtschow den Präsidenten des US-Konzerns Westinghouse Electric Int. William Knox, einen Freund von Dean Rusk, und bat ihn, Kennedy die Nachricht zu überbringen, dass es in Kuba bereits Atomsprengköpfe gebe, die aber sämtlich unter sowjetischer Kontrolle seien. Ein Abfeuern sei nur auf seinen persönlichen Befehl hin möglich. Auf keinen Fall werde die Sowjetunion als Erste Atomwaffen einsetzen. Gleichzeitig sollte er ihm auch Folgendes mitteilen: Sollten die Amerikaner sowjetische Schiffe versenken, würden sowjetische U-Boote amerikanische Schiffe versenken – und dann sei der Weltkrieg da. Gleichzeitig wurden die sowjetischen Streitkräfte in der DDR sowie die Nationale Volksarmee in erhöhte Gefechtsbereitschaft versetzt: Nach einem möglichen amerikanischen Erstschlag sollten die Truppen des Warschauer Paktes innerhalb von zehn Tagen bis Paris vorstoßen.

Inzwischen näherte sich der Öltanker »Bukarest« dem Sperrring. Die Mehrheit der ExComm-Mitglieder wollte, dass amerikanische Marinesoldaten an Bord gehen sollten. Kennedy entschied anders; er wollte Chruschtschow nicht in die Enge treiben und zu unüberlegten Aktionen provozieren. Die »Bukarest« konnte weiterfahren. Als die Nachricht in Havanna bekannt wurde, veranstaltete man dort Freudentänze.

Als nächstes Schiff näherte sich die DDR-»Völkerfreundschaft« mit 2000 Menschen an Bord. Kennedy entschied, auch sie passieren zu lassen. Wenige Minuten später kam die Nachricht, dass die sowjetischen Schiffe ihre Fahrt gestoppt hätten. »Wir haben uns direkt in die Augen geschaut und dann hat der andere gezwinkert«, meinte Rusk zu Bundy.

Fast gleichzeitig kam es zu einer Konfrontation im UNO-Sicherheitsrat, die live im Fernsehen übertragen wurde. Dort hatten die Sowjets in den vergangenen 15 Jahren 109 Mal bei entsprechenden Resolutionen der Amerikaner ihr Veto eingelegt. Jetzt saßen sich dort die Botschafter Stevenson und Sorin gegenüber. Sorin leugnete immer noch die Raketen auf Kuba. Daraufhin konfrontierte Stevenson ihn mit den Fotos und fragte, ob er weiterhin leugne: »Ja oder nein? Warten Sie nicht auf die Übersetzung! Ja oder nein?« Sorin: »Ich bin nicht in einem amerikanischen Gerichtssaal, Sir, und deshalb habe ich keine Lust, eine Frage zu beantworten, die mir gestellt wird, als stünde ich vor dem Staatsanwalt.« Stevenson: »Sie stehen hier vor dem Gerichtshof der Weltmeinung, und Sie können antworten, mit Ja oder Nein.« Später dann: »Ich bin bereit, auf meine Antwort zu warten, bis die Hölle gefriert.«

Auf amerikanischer Seite gingen die militärischen Vorbereitungen weiter. Die Stabschefs hatten sich für die Operation »Scabbards« entschieden: 12 Stunden nach dem Befehl des Präsidenten würde es sieben Tage lang massive Luftangriffe gegen Kuba mit anschließender Invasion geben. Inzwischen wurde bei den »Tauben« über ein Geschäft mit der Sowjetunion gesprochen, das Rusk vorgeschlagen hatte: Abzug der Raketen aus Kuba, und als Gegenleistung Abzug der Jupiterraketen aus der Türkei und Italien. Eine zweite Option war die Ausdehnung der Blockade auf Petroleum und Schmieröl, um Kubas Waffensysteme von jeglichem Treibstoff abzuschneiden und innerhalb von sechs Monaten die Wirtschaft zum Kollaps zu bringen. Die Militärs lehnten das ab und drängten auf Luftangriffe und Invasion; die Flugzeugträger »USS Enterprise« und »USS Independence« nahmen Kurs auf Kuba.

Am selben Tag schickte Castro eine dringende Botschaft an Chruschtschow: Innerhalb der nächsten 24 bis 72 Stunden erwartete er massive Luftangriffe und anschließend die Invasion. Er forderte Chruschtschow auf, eine Invasion der USA auf Kuba mit einem Atomangriff auf die USA zu beantworten: »Wie schwierig und furchtbar diese Entscheidung auch sein mag, ich glaube, es gibt keinen anderen Weg.« Auch der sowjetische Geheimdienst meldete, dass die Invasion Kubas unmittelbar bevorstehe. Daraufhin schrieb Chruschtschow einen ersten Brief an Kennedy, in dem er in sehr emotionaler, fast Furcht signalisierender Sprache vom »Schicksal der

Welt« sprach. Sollte der Krieg ausbrechen, könnte er nicht mehr gestoppt werden. Auf zwölf Seiten schlug er dann vor: Verzicht der Sowjetunion auf den Transport jeglicher Waffen nach Kuba, Verzicht der USA auf gewaltsame Durchsetzung der Quarantäne; keine Invasion Kubas. Die Waffen zur Verteidigung Kubas »sind schon da«. Für Ex-Außenminister Acheson war der Text »beinahe rührselig«, entweder sei Chruschtschow »besoffen oder in Panik«.

Wir wissen heute, dass Chruschtschow gleichzeitig dem Oberbefehlshaber auf Kuba Befehl gab, auf keinen Fall Atomwaffen ohne ausdrückliche Genehmigung Moskaus einzusetzen. Der sowjetische Botschafter in Havanna wurde angewiesen, Castro vor übereilten Aktionen zu warnen. Was würde geschehen, wenn irgendein lokaler sowjetischer Kommandeur auf Kuba eine Rakete abschießen würde? Genau auf diese Möglichkeit war Kennedy am Freitag hingewiesen worden.

Am Morgen des 27. Oktober, Samstag, meldete die CIA, dass sechs Abschussrampen einsatzbereit und 24 Mittelstreckenraketen mit Atomsprengköpfen innerhalb von sechs bis acht Stunden abschussbereit seien. In Reichweite dieser Raketen lagen 40% aller SAC-Basen, in Reichweite der Interkontinentalraketen sämtliche SAC-Basen. Dies, so Rusk, verändere das strategische Gleichgewicht des Kalten Krieges. Dann kam die Meldung, dass eine U-2 über Alaska vom Kurs abgekommen und gegenüber der sibirischen Halbinsel Chukod in den sowjetischen Luftraum eingedrungen war. Die Sowjets mussten vermuten, dass dies ein letzter »Spionageflug« sein könnte, um die Ziele eines amerikanischen atomaren Erstschlages zu bestimmen. Mit Atomwaffen bestückte MiG-Abfangjäger waren aufgestiegen. McNamara schrie: »Dies bedeutet Krieg mit Russland!« Kennedy meinte: »Irgendein Idiot muss immer alles vermasseln.« Die MiGs schossen nicht, sondern lotsten die U-2 nach Alaska zurück. Was niemand im ExComm wusste: Gleichzeitig waren amerikanische, mit Atomwaffen bestückte Maschinen in Richtung U-2 aufgestiegen.

Kurz nach zehn Uhr kam die Meldung, dass Radio Moskau einen Brief Chruschtschows verbreitet habe. Chruschtschow forderte jetzt für den Abzug der sowjetischen Raketen als Gegenleistung den Abzug der Raketen aus der Türkei. Das war eine neue Bedingung, über die die »Falken« im ExComm empört waren. Die Stabschefs verlangten jetzt einen massiven Luftangriff, und zwar in weniger als 48 Stunden. Kurz darauf wurde bestätigt, dass eine U-2 über Kuba abgeschossen worden war. Aus der Sicht von ExComm konnte ein solcher Befehl nur aus Moskau gekommen sein, und das hieß: Die Eskalation hatte eine neue Stufe erreicht. Wir wissen heute, dass ein untergeordneter sowjetischer Kommandeur den Befehl zum Abschuss gegeben hatte. Die Planungen sahen für den jetzt eingetretenen Fall die Zerstörung einer SAM-Luftabwehrbasis vor. Den Befehl hätte Kennedy geben müssen. Der aber zögerte. Die Militärs wollten jetzt noch mehr: Angriff auf alle Raketenstellungen und sowjetische Militärbasen auf Kuba, Industriestandorte, Häfen etc. Ein, zwei Tage später sollte dann die Invasion folgen. Beginn dieser Operation: nicht später als Montag, 29. Oktober. McNamara wies auf die folgenschweren Konsequenzen hin: Bei einer Invasion werde die Sowjetunion die Raketenstellungen in der Türkei angreifen, worauf dann die NATO zurückschlagen müsse.

Die Raketen in der Türkei waren zwar veraltet, aber inzwischen an die Türkei übergeben worden. Für Ankara war das ein Prestigeobjekt, und im Übrigen eine NATO-Angelegenheit. Die USA konnten nicht ohne weiteres über die Köpfe der Türken und der übrigen NATO-Partner hinweg Chruschtschow den Abzug dieser Raketen anbieten. Hier stand auch die Glaubwürdigkeit des amerikanischen Bündnispartners auf dem Spiel. Für Kennedy war klar, dass es »sehr, sehr schwer und sehr blutig« sein würde, die Raketen aus der Türkei und Kuba wegzubringen. Oder auch nicht? Wegen der Raketen in der Türkei durfte es seiner Meinung nach nicht zum Krieg kommen. Was kümmerte ihn da die NATO? Die Dramatik der Situation wurde in dem

Gespräch deutlich, das Robert Kennedy am Abend des 27. mit dem sowjetischen Botschafter Dobrynin führte und das als Wendepunkt der Krise bezeichnet werden kann. Wir wissen heute, wie dieses Gespräch ablief. Die Botschaft, die Kennedy überbrachte, war einfach: Keine Raketen auf Kuba, dafür keine Invasion. Er machte auch deutlich, unter welch enormem Druck sein Bruder stand; es gebe »viele unvernünftige Köpfe bei den Generalen, und nicht nur bei den Generalen, die auf einen Kampf brennen«. Gleichzeitig teilte er die Bereitschaft Kennedys mit, die Raketenbasen in der Türkei abzubauen. Dies dürfe allerdings nicht öffentlich geschehen und nicht offiziell Teil der Vereinbarung sein; dafür brauche man vier bis fünf Monate. Die Zeit dränge; man brauche eine Antwort bis zum nächsten Morgen. Dies sei »eine Bitte, und kein Ultimatum«.

Am nächsten Tag – 17 Uhr Moskauer Zeit, 9 Uhr in Washington – wurde Chruschtschows Einlenken in fiebriger Hast über Radio Moskau verbreitet. Es gab keinen schnelleren Kommunikationskanal zwischen dem Kreml und dem Weißen Haus. Die sowjetische Regierung habe Anweisung erteilt, so hieß es da, »die Waffen, die Sie als ›Offensivwaffen‹ bezeichnen, zu demontieren, zu verpacken und wieder in die Sowjetunion zurückzubringen«. Erstmals seit 1945 unterbrachen westliche Rundfunkanstalten ihr Programm und brachten entsprechende Sondermeldungen. Die Welt atmete auf. Wir wissen heute, wie es zu dieser Entscheidung kam, die in der Weltöffentlichkeit als sowjetische Niederlage gewertet wurde – was sie auch war. Chruschtschow wollte keinen Krieg und fürchtete, die Kontrolle zu verlieren. Und er hielt Kennedy wie schon im Juli 1961 für zu schwach, um den Militärs zu widerstehen. Er befürchtete offensichtlich einen Regimewechsel in Washington mit anschließendem Angriff auf Kuba und atomarem Erstschlag gegen die Sowjetunion, die keine Zweitschlagkapazität besaß.

Kennedy sah in der Öffentlichkeit wie der strahlende Sieger aus, der mit Härte die Krise gemeistert hatte. (Die Schlussfolgerungen daraus – man muss nur hart gegen Kommunisten sein, dann wird man siegen – führten dann direkt in den Vietnamkrieg.) Dabei war das genaue Gegenteil richtig: Nicht umsonst wurde der türkische Raketendeal jahrzehntelang von den wenigen Informierten ganz bewusst geheim gehalten. Die sowjetischen Raketen wurden später abgebaut und in die Sowjetunion zurückgebracht. Castro nannte das Verrat und Chruschtschow einen Bastard. Der aber ließ Castro mitteilen, dass dessen Forderung nach einem Atomschlag gegen die USA außerordentlich alarmierend gewesen sei, denn: »Sie verstehen natürlich, wohin uns das geführt hätte. Es wäre nicht ein einfacher Angriff gewesen, sondern der Beginn eines atomaren Weltkrieges.« Erst Jahrzehnte später, 1992, wurde noch etwas bekannt: Außer ihren Mittelstreckenraketen hatten die Sowjets auch 100 taktische Atomraketen in der Stärke von jeweils einer Hiroshima-Bombe auf Kuba, die im Falle einer amerikanischen Invasion eingesetzt worden wären – mit katastrophalen Folgen. Chruschtschow zog diese Raketen erst ab, nachdem Castro den Befehl gegeben hatte, US-Flugzeuge abzuschießen.

Und noch etwas wussten die Amerikaner nicht, als sie im Oktober den Befehl zum Aufbringen sowjetischer U-Boote gaben: Ein US-Zerstörer hätte auf dem Höhepunkt der Krise am 27. Oktober beinahe das sowjetische U-Boot B-59 versenkt. Wir wissen heute, dass dieses Boot, genauso wie seine drei Schwesterschiffe, einen Nukleartorpedo von der Stärke einer Hiroshima-Bombe an Bord hatte und von seinen Funkverbindungen mit Moskau abgeschnitten war. Als der Zerstörer das U-Boot mit Wasserbomben zum Auftauchen zwingen wollte, ließ dessen Kommandant diesen Torpedo zum Abschuss vorbereiten. »Vielleicht hat der Krieg oben schon begonnen. Wir werden sterben, aber wir werden alle mitnehmen«, so der Kommandant. Nach einer letzten Beratung mit den übrigen Offizieren gab er den Schussbefehl nicht – laut Dokumenten, die erst im Jahre 2002 bekannt wurden.

Die gefährlichste Krise des Kalten Krieges war friedlich zu Ende gegangen. Dabei hatte man »einfach verdammtes Glück« gehabt, wie der ehemalige US-Außenminister Dean Acheson einmal meinte. Hinzu kamen die Nachgiebigkeit Kennedys und die absurde Putschangst Chruschtschows. In den folgenden Jahren hat es immer wieder von amerikanischer Seite Versuche gegeben, Castro zu beseitigen, aber die Zusage vom Oktober 1962 wurde eingehalten: Es gab keine amerikanische Invasion.

Die Kubakrise trieb die Welt an den Rand eines Atomkrieges, den weder Chruschtschow noch Kennedy wollten. Sie schreckten vor dem atomaren Armageddon zurück. Der Primat der Politik setzte sich gegen die Militärs durch. Für die Supermächte wurden die zwei Wochen im Oktober 1962 zum heilsamen Schock, möglicherweise sogar zum Katalysator der Entspannungspolitik.

Vor dem Politbüro begründete Chruschtschow am 3. Dezember 1962 sein Vorgehen folgendermaßen:

> »Es war richtig, unsere Raketen dorthin gebracht zu haben. All das Gerede drumherum wird sich mit der Zeit legen. Die Amerikaner haben unser Land ernst genommen. Wir sind sozusagen Mitglieder im internationalen Club. Die Amerikaner hatten selbst Angst. Das war positiv. Jetzt, wo die Krise vorüber ist, kann man in Ruhe miteinander sprechen.«

Eine Konsequenz aus der Konfrontation vom Oktober war jedenfalls die Einrichtung des »heißen Drahtes«, einer direkten Fernschreibverbindung zwischen Weißem Haus und Kreml im Juli 1963 sowie im August 1963 das Abkommen über ein Verbot von Kernwaffenversuchen in der Atmosphäre, im Weltraum und unter Wasser. Ein Jahr später wurde Chruschtschow entmachtet. War die Berlinkrise die letzte große Ost-West-Konfrontation in Europa, so war Kuba der letzte globale Konflikt zwischen den USA und der Sowjetunion. Heiße Kriege wurden auf Ersatzschauplätze verlegt; das nannte man dann Stellvertreterkriege.

Vietnamkrieg

Im Januar 1944 schrieb US-Präsident Franklin D. Roosevelt an Außenminister Cordell Hull über Indochina: »Frankreich hat dieses Land – 30 Millionen Menschen – fast 100 Jahre in seinem Besitz gehabt, und dem Volk geht es schlechter als zu Beginn. [...] Frankreich hat es 100 Jahre gemolken. Das Volk Indochinas verdient etwas Besseres als das.«

In amerikanischen Propagandabroschüren, die während des Zweiten Weltkrieges die vietnamesische Bevölkerung zum Widerstand gegen die Japaner aufforderten, wurden den Vietnamesen Unabhängigkeit und Selbstbestimmung in Aussicht gestellt. Nach dem Sieg der USA über Japan und dem Beginn des Kalten Krieges war davon keine Rede mehr. Es ging nur noch um die »Eindämmung« des Kommunismus, und unter diesem Vorzeichen akzeptierten die USA auch Frankreichs Intentionen zur Restauration seiner Kolonialherrschaft in Indochina. Es half Ho Chi Minh, dem Führer der vietnamesischen Kommunisten, wenig, dass er während des Zweiten Weltkrieges Agent des US-Geheimdienstes gewesen war und bei der Ausrufung der Demokratischen Republik Vietnam am 2. September 1945 in Hanoi in diese »Unabhängigkeitserklärung« sogar wörtliche Zitate aus der amerikanischen Unabhängigkeitserklärung übernommen hatte. Sein Versuch, sich mit der französischen Regierung zu arrangieren, musste unter diesen Umständen scheitern. So begann Ende 1946 der französische Indochina-Krieg.

Für die USA war dies zunächst nur ein »schmutziger« Kolonialkrieg. Ihr Hauptaugenmerk lag in diesen Jahren auf Europa. Das änderte sich, als im Frühjahr 1949 der Sieg Mao Tse-tungs in China abzusehen war. Der politische Planungsstab des State Department schrieb im Mai 1949 – in Erwartung der Flucht Tschiang Kai-scheks nach Taiwan: »Der Sieg der Kommunisten in China ist eine schwere politische Niederlage für uns. Falls auch Südostasien vom Kommunismus überrollt wird, dann wird das für uns ein größeres politisches Desaster sein mit Auswirkungen in der ganzen Welt.«

Mit dem Verlust Chinas im Oktober 1949 und dem Beginn des Koreakrieges im Juni 1950 schienen sich diese Befürchtungen zu bestätigen. Indochina sollte jetzt um jeden Preis verteidigt werden, und entsprechend verstärkte die Truman-Administration ihre Unterstützung für Frankreich. Aus dem schmutzigen Kolonialkrieg der Franzosen wurde ein »Kreuzzug gegen den Kommunismus«, Bestandteil der weltweiten Auseinandersetzung zwischen Ost und West. Die von Truman eingeleitete Politik wurde von seinem Nachfolger Eisenhower nahtlos fortgesetzt. 1953/54 zahlten die USA rund 75 Prozent der französischen Kriegskosten.

Im Frühjahr 1954 verschlechterte sich die militärische Lage der Franzosen in Indochina zusehends; die Festung Dien Bien Phu stand vor dem Fall. In dieser Situation bat Frankreich die USA um militärisches Eingreifen. Die Eisenhower-Administration war dazu nur im Rahmen einer »United Action« bereit, das heißt, wenn auch Großbritannien seine Unterstützung zusagte. Die britische Regierung lehnte jedoch am 25. April 1954 ab. Die Stimmung in London fasste Premierminister Churchill folgendermaßen zusammen:

> »Es ist nicht ratsam, Truppen einzusetzen, um die Lage im Dschungel in die Hand zu bekommen. Außerdem begreife ich nicht, warum wir für Frankreich in Indochina kämpfen sollen, wenn wir selber Indien aufgegeben haben. Ich hätte mit dem größten Vergnügen für England um Indien gekämpft. Malaysia kann, denke ich, auch gehalten werden, wenn Indochina verloren geht.«

Ein Ergebnis der anschließenden Genfer Indochinakonferenz war die Teilung Vietnams entlang des 17. Breitengrades – allerdings mit der Maßgabe, dass im Jahre 1956 gesamtvietnamesische Wahlen stattfinden sollten. Diese Wahlen wurden nie durchgeführt. Der neue Mann in Südvietnam hieß Ngo Dinh Diem, der im amerikanischen Exil gelebt hatte und nun von Washington als »starker Mann« aufgebaut (und Ende 1963 mit Wissen und Billigung der Amerikaner ermordet) wurde. Er schien die einzige Alternative zu Ho Chi Minh zu sein, der Südvietnam vor dem Kommunismus schützen konnte – mit massiver finanzieller und wirtschaftlicher Hilfe der USA. Die militärische Unterstützung beschränkte sich zunächst auf »Militärberater«; Ende 1960 befanden sich rund 800 davon in Südvietnam. Auch für Präsident Kennedy war Südvietnam der Eckstein der freien Welt in Südostasien. Das Land wurde weiter massiv unterstützt. Bis zu seinem Tod weigerte sich Kennedy allerdings, Kampftruppen in Vietnam einzusetzen; dagegen wurde bis Ende 1963 die Zahl der so genannten Militärberater und Unterstützungstruppen auf 16 000 erhöht.

Auch für Kennedys Nachfolger Lyndon B. Johnson war Südvietnam das erste Glied einer langen Dominokette. Würde dieser Dominostein fallen, so würden auch die restlichen Staaten Südostasiens kommunistisch werden. Die Freiheit San Franciscos, so hieß es, werde in Saigon verteidigt. Den Generälen ließ Johnson mitteilen, dass er zu seinem Wort stehe, »und dass wir den uns von den Kommunisten aufgezwungenen Kampf – von außen unterstützt und geführt – gewinnen werden«. Die Verbündeten der USA sahen das ähnlich und unterstützten diese Politik – mit Ausnahme Frankreichs. De Gaulle war von Anfang an davon überzeugt, dass eine Lösung des Konflikts nur in einer Neutralisierung ganz Indochinas liegen könne. Für Washington kam das nicht in Frage. Präsidentenberater McGeorge Bundy meinte, man dürfe daran noch nicht einmal denken. Das US-Prestige würde damit einen schweren Schlag erleiden und Johnson die Wahlen im Herbst 1964 verlieren. Anfang März 1964 stellte der Nationale Sicherheitsrat klar:

> »Ein Sieg der Kommunisten würde dem Ansehen der USA in der ganzen Welt Schaden zufügen. Der Konflikt ist ein Testfall dafür, wie die USA mit einem kommunistischen ›Befreiungskrieg‹ umgehen werden. Die gesamte US-Außenpolitik ist betroffen.«

Und Verteidigungsminister Robert McNamara stellte am 8. März 1964 in Saigon klar: »Wir werden so lange bleiben, bis wir die Kommunisten besiegt haben.« Anfang August 1964 kam es im Golf von Tonking zu einem Zwischenfall. Nordvietnamesische Patrouillenboote beschossen den US-Zerstörer »Maddox«. Zwei Tage später flogen die Amerikaner die ersten Luftangriffe gegen Nordvietnam. Ein zweiter Zwischenfall (der, wie wir heute wissen, überhaupt nicht stattgefunden hat) führte in Washington zur berühmt-berüchtigten Tonking-Resolution, einer Ermächtigung zum Krieg, die, wie Johnson meinte, »wie Großmutters Nachthemd alles abdeckt«: Der Senat ermächtigte mit 88:2 Stimmen, das Repräsentantenhaus mit 416:0 Stimmen Johnson, »alle notwenigen Schritte, einschließlich der Anwendung bewaffneter Gewalt, zu ergreifen«, um Südvietnam zu unterstützen. Während im Repräsentantenhaus betont wurde, dass die nationale Ehre der USA auf dem Spiel stehe, meinte Senator Ernest Gruening: »Ganz Vietnam ist nicht soviel wert wie das Leben eines einzigen Amerikaners.« Ihm schloss sich als einziger Senator Wayne Morse aus Oregon an. Wir wissen heute, dass Johnson ähnlich dachte, und dies bereits im Sommer 1964. Dennoch waren am Ende mehr als 550 000 US-Soldaten in Vietnam, von denen 58 000 starben. Vietnam zerstörte auch Johnsons eigentliches Ziel, nämlich die »Great Society« in den USA zu verwirklichen. Er setzte die Politik Kennedys nahtlos fort. »Nation-Building« war das Stichwort, auch wenn man, wie McNamara später eingestand, wenig über Vietnam wusste und noch weniger, dass die Auseinandersetzung dort im Grunde ein Bürgerkrieg war. Nun aber verbanden die USA ihr Prestige als westliche Führungsmacht im Kampf gegen den Kommunismus mit dem Schicksal Südvietnams.

Die folgenschwersten Entscheidungen wurden 1965 getroffen: Der Krieg wurde zu einem amerikanischen Krieg. Es begann am 7. Februar 1965 mit einem schweren Angriff der Kommunisten gegen eine amerikanische Kaserne in Ple Ku: Neun US-Soldaten wurden getötet,

Die USA verteidigen angeblich ihre Freiheit und jene des Westens in Vietnam. Am Ende wird der Vietnamkrieg ein einziges Desaster für Vietnam und die westliche Führungsmacht.

108 verwundet. Das war der letzte Tag des Aufenthaltes von Präsidentenberater Bundy – während gleichzeitig der Vorsitzende des sowjetischen Ministerrates Alexej Kossygin in Hanoi war. Johnson reagierte sofort: Die Operation »Flammender Pfeil« (Flaming Dart) begann noch am selben Tag. Die US-Luftwaffe flog schwere Angriffe gegen Ziele in Nordvietnam.

Am 10. Februar kam der nächste Schlag des Vietcong: In Qui Nhon wurden 23 amerikanische Soldaten getötet und mehr als 20 verwundet. Johnson befahl umgehend eine Verstärkung der Luftangriffe: Die Operation »Rollender Donner« (Rolling Thunder) lief an. Sie wurde erst am 30. Oktober 1968 beendet. Während dieser Zeit flog die US-Luftwaffe 304 000 Einsätze in Nordvietnam, davon 2083 B-52-Angriffe; dabei wurden mehr Bomben als im gesamten Zweiten Weltkrieg im Pazifik abgeworfen. 922 Flugzeuge gingen verloren.

1972 hieß es dazu im Außenpolitischen Ausschuss des Senats:

»Es gibt keinen Hinweis darauf, dass einer unserer Geheimdienste geglaubt hat, dass die Bombardierung Nordvietnams die Unterstützung des Südens durch Nordvietnam beenden würde oder könnte. Die Geheimdienste hofften vielmehr, mit der Bombardierung Nordvietnam zu bestrafen und möglicherweise den Widerstandswillen dort zu brechen.«

Am 8. März 1965 folgte der nächste entscheidende Schritt der Amerikaner: Erstmals seit dem Koreakrieg betraten wieder amerikanische Kampftruppen asiatischen Boden. In Da Nang gingen 3500 Marines in voller Kampfausrüstung mit Panzern, Granatwerfern und wehenden Fahnen an Land, wo sie von hübschen Vietnamesinnen mit Blumen empfangen wurden. Was so schön aussah, war in Wirklichkeit der Anfang der Katastrophe. Hanoi sprach von einer offenen Kriegserklärung.

Am 7. April hielt Johnson an der Johns-Hopkins-Universität in Baltimore eine vielbeachtete Rede, in der er die Ziele der amerikanischen Vietnampolitik definierte: Er bekräftigte die Entschlossenheit der USA, sich nicht aus Südvietnam zurückzuziehen, bekundete aber gleichzeitig die Bereitschaft zu »Gesprächen ohne Vorbedingung«. Außerdem versprach er, dass die USA 1 Mrd. Dollar zur Entwicklung Südostasiens zur Verfügung stellen würden. Es war sein, wie er einige Tage später formulierte, »3-D«-Ansatz: Entschlossenheit, Gespräche, Entwicklung (*determination, discussions, and development*), ein Mittelkurs zwischen den »Falken« in Washington, die Rotchina angreifen wollten, und den »Tauben«, die für einen Rückzug aus Vietnam plädierten. Hanois Bedingung lautete: erst Abzug der amerikanischen Truppen. (Dies blieb die Position für die nächsten drei Jahre.) Am 21. April wurden weitere 82000 US-Soldaten nach Südvietnam geschickt, Ende Juli weitere 75 000. Ende 1965 waren bereits 181 000 US-Soldaten in Südvietnam. Das nannte man dann Amerikanisierung des Vietnamkrieges. Unter Oberbefehlshaber General William

C. Westmoreland lautete die Devise: aufspüren, vernichten, die Toten zählen, weiter (*search, destroy, count the bodies, move on*). Johnson führte seine Nation in diesen Krieg. Das erste Halbjahr 1965 war das entscheidendste in der Geschichte des 30jährigen Krieges in Indochina; McNamara nannte dies so in seinen Erinnerungen und sprach von einer Intervention, »die am Ende Johnsons Präsidentschaft zerstörte und die Nation so spaltete wie nichts mehr seit dem Bürgerkrieg«.

Das Ende von Johnsons Krieg kam im Januar 1968 mit der so genannten »TET-Offensive« der Nordvietnamesen und des Vietcong. Es war ein nicht mehr für möglich gehaltener Großangriff gegen fünf der sechs großen Städte, 36 der 44 Provinzhauptstädte und ein Viertel der 242 Provinzstädte Südvietnams. Am Ende hatten Amerikaner und Südvietnamesen zwar alles wieder zurückerobert, aber es war ein Pyrrhussieg gewesen. Die amerikanische Öffentlichkeit hatte den Glauben an den Sieg verloren, der Präsident seine Glaubwürdigkeit eingebüßt. Dem CBS-Nachrichtensprecher Walter Cronkite glaubte man mehr als dem Präsidenten, als er nach einem Besuch in Vietnam Ende Februar verkündete, dieser Krieg sei nicht zu gewinnen.

Zu dem Zeitpunkt belagerten die Kommunisten immer noch Khe Sanh. In Washington ging die Furcht um, dass dies das amerikanische Dien Bien Phu werden könnte. Johnson machte klar, dass er das verhindern werde. Mit dem Ergebnis, dass auf Khe Sanh 75 000 Tonnen Bomben abgeworfen wurden, so viel wie niemals zuvor in der Kriegsgeschichte auf ein taktisches Ziel. Immerhin war die Operation »NIAGARA« erfolgreich: der Belagerungsring konnte gesprengt werden. McNamara war inzwischen abgelöst worden. Sein Nachfolger Clark Clifford machte Anfang März klar, was Sache war. »Wir vergeuden den Reichtum unseres Landes und das Leben unserer Männer im Dschungel.« Konsequenz: Langsamer Abzug. Ende März verkündete Johnson, dass er sich einer Wiederwahl nicht stellen werde; am 13. Mai 1968 begannen in Paris so genannte Friedensgespräche.

Der neue Präsident hieß Richard M. Nixon. So wie Eisenhower 1952 die Wahl mit dem Versprechen gewonnen hatte, den Krieg in Korea zu beenden, so hatte Nixon die Wahl mit dem Versprechen gewonnen, den Vietnamkrieg zu beenden. Von einem »Geheimplan« war die Rede, später von der Theorie eines Verrückten, der »Mad Man Theory«. Nixon wörtlich:

> »Die Nordvietnamesen sollen glauben, dass ich an einem Punkt bin, wo ich zu allem fähig bin, um den Krieg zu beenden ... Wir können ihn nicht zurückhalten. Und er hat die Hand am Atomknopf. Ho Chi Minh persönlich wird dann innerhalb von zwei Tagen in Paris sein und um Frieden bitten.«

Im März 1969 ging diese Botschaft nach Hanoi. Gleichzeitig gab Nixon seine Zustimmung zur Forderung der Stabschefs, B-52-Angriffe auf vietnamesische Basen an der Grenze zu Kambodscha zu fliegen. Nixon war überzeugt davon, dass der Krieg ausgeweitet werden musste, um ihn zu gewinnen. Diese Bombenangriffe waren absolut geheim. Es gab über 14 Monate insgesamt 3630 Einsätze, mit einem enttäuschenden Ergebnis: Die Vietnamesen verlegten ihre Basen weiter nach Kambodscha, weg von der Grenze; die B-52 folgten ihnen, mit verheerenden Folgen für Kambodscha. Im Juni 1969 verkündete Nixon seine neue Doktrin: Vietnamisierung = Abzug der amerikanischen Truppen. Bis Ende des Jahres sollten die ersten 25000 Soldaten abgezogen werden. Gleichzeitig beauftragte Nixons Sicherheitsbeauftragter Henry Kissinger den Nationalen Sicherheitsrat, Möglichkeiten für einen »brutalen, entscheidenden Schlag« zu überprüfen, einschließlich der Möglichkeit, Atomwaffen einzusetzen, um die Zufahrtswege nach China zu blockieren. Kissinger: »Ich weigere mich zu glauben, dass eine viertklassige Macht wie Nordvietnam nicht einen ›breaking point‹ hat.« Das Ergebnis war ein Plan mit dem Codenamen »Duck Hook«. Er sah vor:

1. Invasion Nordvietnams;
2. systematische Bombardierung der Deiche;

Ende eines historischen Besuches: Abschiedszeremonie für Richard Nixon auf dem Pekinger Flughafen; vorne links Tschou En-lai; hinten rechts Patricia Nixon. Nixon: »Was wir hier tun, kann die Welt verändern.«

3. vollständige Zerstörung Hanois und Haiphongs;
4. eventueller Atombombeneinsatz.

Inzwischen wuchs die Antikriegsbewegung in den USA. Nixon hat später behauptet, dies habe genau das verhindert, was er und sie wollten, nämlich den schnellen Sieg. Für ihn war klar, dass, wie er Ende 1969 erklärte, Nordvietnam die USA weder besiegen noch erniedrigen könne: »Nur die Amerikaner selbst können das.« Das hörte sich wie eine Dolchstoßlegende an. Im März 1970 befahl Nixon die Invasion Kambodschas. Daraufhin kam es zur größten Antikriegs-Demonstration in den USA; an der Kent State University wurden am 4. Mai vier Studenten von der Nationalgarde erschossen.

Inzwischen sank die Moral der Truppe in Vietnam auf das niedrigste Niveau in der Geschichte der USA. Befehlsverweigerungen, das

Töten von Offizieren und Unteroffizieren, Drogenkonsum etc. nahmen zu, 35% der Truppe nahmen Heroin, 20% waren drogenabhängig. Die Vietnamisierung des Krieges wurde zur absoluten Notwendigkeit für Washington.

Bei seinem Amtsantritt hatte Nixon erklärt, er sei bereit, mit den Kommunisten zu verhandeln. Damit waren Moskau *und* Peking gemeint. Im Sommer 1969 entschied Nixon, die Beziehungen zu Peking zu normalisieren. Henry Kissinger führte vom 9. bis 11. Juli 1971 geheime Vorgespräche. Anschließend kündigte Nixon einer überraschten Öffentlichkeit seinen Besuch in China an, ein brillanter Schachzug, nicht nur für die amerikanische Öffentlichkeit. Nixon besuchte China vom 21. bis 28. Februar 1972. Auf dem abschließenden Bankett meinte er, es sei eine Woche gewesen, »die die Welt verändert hat«.

Einen Monat später begannen die Nordvietnamesen mit ihrer Frühjahrsoffensive. Daraufhin gab Nixon den Befehl zur Eskalation: B-52-Angriffe auf Hanoi und Haiphong, gleichzeitig Verminung des Hafens von Haiphong. 14 Tage nach diesem Befehl war Nixon in Moskau. Er war sich mit Breschnew einig, dass der Vietnamkrieg weitere Schritte auf dem Weg einer Détente nicht behindern durfte. Mit anderen Worten: Nixons Verhältnis zu China und der Sowjetunion hatte durch die Ausweitung des Krieges in Vietnam nicht gelitten. Gleichzeitig war das Bemühen Moskaus und Pekings erkennbar geworden, Einfluss auf die Nordvietnamesen zu nehmen, den Krieg zu beenden. Washington hatte nun endlich freie Hand, alle jene Waffen einzusetzen, um den Krieg zu beenden; das sei nach wie vor der Schlüssel zu allem, wie es Kissinger gegenüber dem sowjetischen Botschafter in Washington, Dobrynin, formulierte. Und Kissinger wollte eine Friedensformel noch vor den Präsidentschaftswahlen im November 1972. Er führte inzwischen Geheimgespräche mit Le Duc Tho, dem Leiter der nordvietnamesischen Verhandlungsdelegation in Paris. Kissinger verachtete die Vietnamesen und die Kommunisten gleichermaßen, musste aber mit ihnen vorlieb nehmen. Am 11. Ok-

Moskau, 26. Mai 1972: Nach Peking besucht Richard M. Nixon Moskau, wo er mit Leonid Breschnew den SALT-I-Vertrag über die Begrenzung der strategischen Rüstung unterzeichnet. In der Mitte der sowjetische Regierungschef A. Kossygin.

tober 1972 hatte man die Grundlagen für ein Abkommen gelegt:

- Abzug der amerikanischen Truppen;
- Auslieferung der amerikanischen Kriegsgefangenen durch Hanoi.

Ein nationaler Versöhnungsrat sollte für Südvietnam gegründet werden, der Wahlen vorbereiten sollte. Entscheidend aber war, dass Kissinger zwei Bedingungen Hanois akzeptierte: Zum einen konnten die etwa 150 000 nordvietnamesischen Truppen im Süden bleiben, zum anderen wurde die entmilitarisierte Zone nicht als offizielle politische Grenze bezeichnet. Kissinger hatte nicht mit Südvietnams Ministerpräsident Thieu gerechnet, der diese Vereinbarung ablehnte. Nach fünf Tagen vergeblichen Bemühens von Kissinger in Saigon, ihn umzustimmen, drängte Kissinger Nixon, Druck auszuüben. Dazu war Nixon allerdings nicht bereit. Obwohl nichts klar war, erklärte Kissinger auf einer Pressekonferenz am 31. Oktober: »Der Friede ist greifbar nahe.« In den folgenden Wochen lieferten die USA Militärgerät in Höhe von einer Milliarde Dollar an die südvietnamesische Armee; Thieu hatte damit die viertgrößte Luftwaffe der Welt; gleichzeitig sicherte Nixon Thieu zu, im Falle einer Verletzung des Abkommens durch Nordvietnam massiv zurückzuschlagen.

Nach dem überwältigenden Wahlsieg Nixons über seinen Herausforderer George McGovern am 7. November 1972 bat Kissinger Le Duc Tho, zumindest einen symbolischen Rückzug nordvietnamesischer Truppen aus Südvietnam zu akzeptieren und die entmilitarisierte Zone als tatsächliche Grenze zwischen zwei souveränen vietnamesischen Staaten zu akzeptieren. Le Duc Tho lehnte ab und forderte seinerseits den Rücktritt Thieus als Teil einer abschließenden Regelung. Nixon und Kissinger brachen die Gespräche ab. Am 14. Dezember warnten sie die nordvietnamesische Regierung vor »schwer wiegenden Konsequenzen«, falls sie nicht innerhalb von 72 Stunden an den Verhandlungstisch zurückkehren würden, um ernsthaft zu verhandeln. Am 18. Dezember, nachdem das Ultimatum ergebnislos ausgelaufen war, ordnete Nixon die Operation »Linebacker 2« an: massive Luftangriffe auf Nordvietnam, insbesondere Hanoi und Haiphong. Zum Vorsitzenden der Stabschefs meinte er: »Dies ist Ihre Chance, den Krieg mit militärischen Mitteln zu beenden. Und falls nicht, sind Sie verantwortlich.« In dem nun folgenden »Weihnachtsbombardement« bis zum 29. Dezember wurden mehr Bomben abgeworfen als in den drei Jahren zuvor. Am 8. Januar 1973 wurden die Verhandlungen in Paris wieder aufgenommen. Nach sechs Tagen hatten sich Kissinger und Le Duc Tho geeinigt; die Änderungen waren rein kosmetischer Natur. Das Abkommen, das am 27. Januar 1973, sieben Tage nach der zweiten Amtseinführung Nixons, unterzeichnet wurde, beendete den Vietnamkrieg nicht. Zwei Jahre später, am 30. April 1975, fiel Saigon, das Land wurde unter kommunistischer Herrschaft zwangswiedervereint. Dennoch erwies sich die Dominotheorie als falsch. Außer Kambodscha und Laos fielen keine weiteren »Dominos« in Indochina. Als Saigon fiel, liefen in den USA die Vorbereitungen zur 200-Jahr-Feier des Landes. Vietnam fiel einem kollektiven Vergessen anheim. Die Debatte »Wer hat Vietnam verloren?« gab es nicht. Nixon hatte seine Unterstützungszusage an Saigon nicht mehr realisieren können. Der Kongress wollte mit Vietnam nichts mehr zu tun haben, und Nixon war durch den Watergate-Skandal geschwächt; im August 1974 trat er zurück.

58 000 amerikanische Soldaten ließen ihr Leben in Vietnam; eine Million südvietnamesische Soldaten waren gefallen, etwa zwei Millionen tote Zivilisten zu beklagen. Zwei Millionen Menschen wurden verstümmelt, zusätzlich zwei Millionen giftigen Chemikalien ausgesetzt. Zahlen über Nordvietnam sind nicht belegt.

Die Reaktion in Washington war im November 1973 der War Powers Act. Damit wurde jedem Präsidenten militärische Intervention im Ausland erschwert. Der Kongress muss demnach innerhalb von 48 Stunden informiert, Truppen nach 60 Tagen zurückgezogen werden, falls der Kongress nicht zustimmt. 1975 waren nur noch 34 Prozent der Amerikaner für eine militärische Intervention, falls die Sowjets West-Berlin überrennen würden.

Im Lande selbst gab es ungeheure Probleme der Veteranen: Drogen, Alkohol etc. Es gab keine Siegesparade. Mit privaten Spenden wurde 1982 das eindrucksvolle Vietnam Memorial in Washington, D.C., errichtet – mit zwei Millionen Besuchern pro Jahr. Erst Mitte der achtziger Jahre wurde versucht, das Vietnam-Trauma im Film zu verarbeiten. Zweifel blieben, auch wenn US-Präsident Ronald Reagan den Krieg später öffentlich als »in truth a noble war« bezeichnete. Ein »edler« Krieg war es zu keinem Zeitpunkt gewesen.

Atombomben

Am 16. Juli 1945, 5.29:45 Uhr westamerikanischer Zeit, wurde in der Nähe von Alamogordo in der Wüste des US-Bundesstaates New

Mexico – etwa 400 km südlich von Los Alamos – die erste Atombombe erfolgreich gezündet. Der Versuch übertraf alle Erwartungen von Wissenschaftlern und Militärs. Die Bombe entwickelte eine Energie von 20 000 Tonnen herkömmlichen Sprengstoffes. Der Boden im Versuchsgebiet – »Ground Zero« – senkte sich um zwei Meter und wurde zu Glas. Der Atomblitz wurde noch im Umkreis von rund 300 Kilometern bemerkt, die Explosion im ganzen Südwesten der Vereinigten Staaten gehört. Truman erhielt die Nachricht in Potsdam: »Baby is born.« Das Atomzeitalter hatte begonnen.

Als Truman Stalin am 24. Juli von der neuen Bombe unterrichtete – ohne das Wort Atombombe zu benutzen –, blieb dieser scheinbar vollkommen ungerührt, so als wisse er nicht, was diese Nachricht wirklich bedeute. Er meinte nur, er hoffe, die Amerikaner würden die neue Waffe gegen Japan einsetzen. Wir wissen heute, dass Stalin über die amerikanische Atomforschung besser als Truman informiert war; seine Spione hatten gute Arbeit geleistet. Gegenüber Geheimdienstchef Berija meinte er: »Truman will Druck auf uns ausüben, uns beherrschen. Seine Haltung ist besonders aggressiv gegenüber der Sowjetunion. Natürlich ist die Atombombe von Vorteil für Truman. Aber eine Politik der Erpressung und der Einschüchterung ist für uns inakzeptabel.«

Am 6. August wurde Hiroshima durch eine Atombombe zerstört, am 9. August Nagasaki. Zwei Wochen nach Hiroshima untersuchten sowjetische Experten die zerstörte Stadt und schickten detaillierte Berichte nach Moskau. »Hiroshima hat die ganze Welt erschüttert«, meinte Stalin wenige Tage später zu führenden Atom-Physikern des Landes und fügte hinzu: »Die Balance zwischen den Mächten ist zerstört. Baut die Bombe – damit wird eine große Gefahr von unserem Land genommen.« Außenminister Molotow meinte später, die Bomben »waren nicht gegen Japan gerichtet, sondern gegen die Sowjetunion«. Stalin befürchtete, dass die USA angesichts ihres Atommonopols die Sowjetunion zwingen würden, in Europa und der Welt

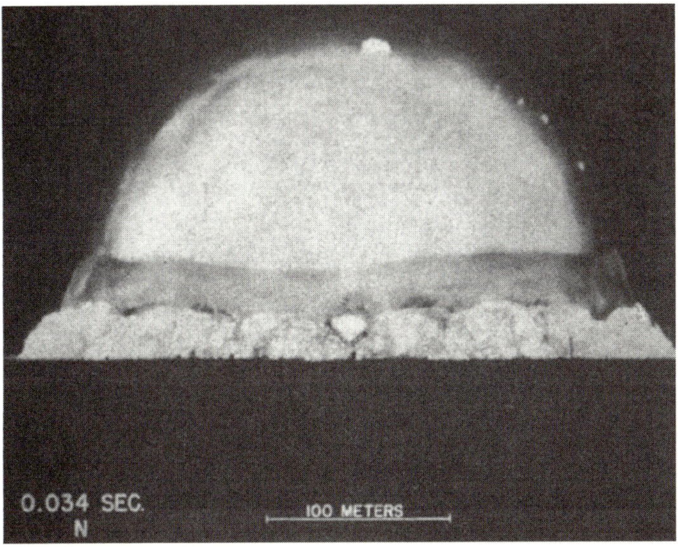

16. Juli 1945, 5.29:45 Uhr: Erfolgreicher »Trinity Test« in der Nähe von Alamogordo im US-Bundesstaat New Mexico, 0,034 Sekunden nach der Zündung. Ein neues Zeitalter hat begonnen. Churchill in Potsdam: »Was war das Schießpulver? Trivial! Was war die Elektrizität? Eine Kleinigkeit! Diese Atombombe ist das schreckliche Weltgericht!«

nachzugeben. Das aber, so Stalin, werde nicht geschehen. Die sowjetische Atomforschung wurde mit allen Mitteln vorangetrieben. Stalin brauchte die Bombe, um das Gleichgewicht der Kräfte wiederherzustellen: Der atomare Wettlauf der beiden Supermächte hatte begonnen.

Die atomare Diplomatie der Amerikaner funktionierte nicht; die Sowjets ließen sich nicht einschüchtern. Und man konnte nicht ständig Atombomben werfen. Impotenz der Omnipotenz wurde das später genannt. Hinzu kam, dass Stalin über das Atomarsenal der USA genauestens informiert war. Im März 1947, als Truman seine Doktrin verkündete, hatten die USA nur 14 Atombomben. Zu Beginn der Berlinblockade im Sommer 1948 hatten sie 50, die noch nicht einmal zusammengebaut waren, und nur etwa 30 B-29, die diese Bomben transportieren konnten, Ende 1949 waren sie im Besitz von 200 Bomben. Stalin war zu bestimmten Risiken bereit: Man denke an die Tschechoslowakei 1948, die Berlinblockade oder an die Ermächtigung Kim Il Sungs 1950, Südkorea anzugreifen. Die USA konnten die Sowjetunion, selbst wenn sie es gewollt hätten, zu diesem Zeitpunkt nicht zerstören. Und selbst wenn sie es versucht hätten, »Russland zu erobern ist eine Sache, aber was dann mit Russland tun, ist eine ganz andere Sache«, wie Marineminister James Forrestal 1948 einmal meinte.

Zur Überraschung des Westens führte die Sowjetunion Ende August 1949 ihren ersten Atombombentest durch. Als eine Reaktion darauf ordnete Truman am 31. Januar 1950 den Bau der Wasserstoffbombe an – gegen den Rat von Albert Einstein und J. Robert Oppenheimer, dem »Vater der Atombombe«. Wir wissen heute, dass Oppenheimer Mitglied der kommunistischen Partei der USA war. Edward Teller baute die Bombe und dehnte damit, wie er es selbst ausdrückte, die Herrschaft des Menschen über die Natur aus. Der Vorwurf, Truman habe mit dieser Entscheidung – die entsprechende Sitzung hatte nur sieben Minuten gedauert – eine neue Stufe des atomaren Wettlaufs begonnen, trifft nicht zu: Stalin hatte den Befehl zum Bau einer Wasserstoffbombe vor den Amerikanern gegeben.

In der schwierigen Phase des Koreakrieges – im November und Dezember 1950 – gab es ernsthafte Überlegungen in Washington für einen massiven Atomeinsatz in Korea und China. Truman lehnte dies letztlich ab: Er wolle nicht für den Tod von 10 Millionen Menschen verantwortlich sein. Ein Jahr zuvor hatte er privat geäußert: »Wenn es nur irgendwie geht, werden wir diese Bombe niemals wieder einsetzen.« Am 1. November 1952 zündeten die Amerikaner auf dem Eniwetok-Atoll im Pazifik dann die erste Wasserstoffbombe. Sie hatte eine Sprengkraft von 10 Megatonnen, was der Energie von 10 Mill.

Tonnen des Sprengstoffes TNT entsprach. Das kam dem Zerstörungspotential von 700 Hiroshima-Bomben gleich. Das einen Kilometer breite und fünf Kilometer lange Atoll verschwand vollständig.

Der durch die neue Superwaffe erreichte militärische Vorsprung der USA hielt nur relativ kurz: Am 12. August 1953 testete die Sowjetunion erfolgreich eine Wasserstoffbombe. »Bis jetzt«, so Eisenhower, »ist Krieg immer nur ein Wettkampf gewesen, aber mit diesen Waffen ist es nicht länger ein Wettstreit, sondern bedeutet vollkommene Zerstörung.«

Das wurde noch deutlicher am 1. März 1954, als die USA die bisher stärkste Wasserstoffbombe zündeten, wobei dieser »BRAVO«-Test den Wissenschaftlern zeitweise außer Kontrolle geriet. Die Bombe entwickelte nämlich das Dreifache der berechneten Sprengkraft: statt fünf Millionen Tonnen 15 Millionen (die Nagasaki-Bombe hatte 14 000 Tonnen Sprengkraft). Der radioaktive Fallout überschritt um mehrere hundert Kilometer die Grenzen des rund um die Insel zur Sperrzone erklärten Gebietes von 150 Kilometern. »Die Aussichten sind wirklich erschreckend«, so Eisenhower zu einem besorgten Churchill. »Wir müssen Wege finden, falls möglich, um diese Gefahr auszuschalten.« Und dies zu einem Zeitpunkt, als »roll-back« und »massive Vergeltung« offizielle Doktrin der USA waren.

Seit Anfang 1948 entwickelten die US-Militärs Pläne für den Fall eines sowjetischen Angriffs in Europa. Es gab »Halfmoon« und die Nachfolgepläne »Offtackle«, »Charioteer«, »Fleetwood«, »Doublestar« und »Dropshot«. Sie sahen sämtlich den nuklearen Gegenschlag und die Rückeroberung Europas – nach anfänglicher Aufgabe – vor. Bei »Charioteer« sollten z. B. 133 Atombomben auf 70 sowjetische Städte abgeworfen werden.

Würde die Sowjetunion angesichts der atomaren Überlegenheit der USA und der eigenen Schwäche in ihren Satellitenländern überreagieren und möglicherweise einen Krieg auslösen? Diese Frage stellte sich im Oktober 1956 beim Ungarnaufstand. Um dieser Gefahr zu begegnen, ließ Eisenhower öffentlich erklären – und stellte sicher, dass der Kreml die Nachricht erhielt –, dass es den USA »nicht um die Unabhängigkeit der Satellitenstaaten geht und diese Nationen auch nicht als potentielle militärische Verbündete betrachtet«. Die Sowjets hatten verstanden: Am 4. November 1956 begannen sie damit, den Aufstand niederzuschlagen.

In den Augen von John Foster Dulles war Chruschtschow »die gefährlichste Person an der Spitze der Sowjetunion seit der Oktoberrevolution«. Stalin und die übrigen Führer hätten wie Schachspieler gehandelt; bei Stalin habe man immer gewusst, wie weit er gehen werde, da er ein kühl kalkulierender Mensch gewesen sei; das sei bei Chruschtschow anders, der in höchstem Grade emotional reagiere – er sei nämlich immer betrunken. Das Letztere stimmte zwar nicht, aber mit Blick auf die sowjetische Raketen- und Atomrüstung traf dies sicherlich zu. Chruschtschow brüstete sich damit, dass in der Sowjetunion Raketen »wie Würste« produziert würden. Die Eisenhower-Administration war besser informiert: Seit Juli 1956 überflogen U-2-Spionageflugzeuge die Sowjetunion. Wir wissen heute, dass diese Art von Luftaufklärung schon unter Truman begonnen hatte. Und am 18. August 1960, nur 3 Monate nach dem Abschuss einer U-2, wurde der erste Aufklärungssatellit erfolgreich in Kalifornien gestartet. Die Bilder waren erstaunlich gut: Objekte von 60 bis 90 Zentimetern waren genau erkennbar. Noch eindrucksvoller war, dass dieser Satellit an einem Tag mehr Bilder lieferte, als sämtliche U-2-Überflüge in vier Jahren geliefert hatten.

War Washington bislang davon ausgegangen, dass die Sowjetunion etwa 1000 Interkontinentalraketen zur Verfügung hatte, so wurde diese Zahl am 21. September 1961 von der CIA radikal nach unten korrigiert. Die Sowjetunion hatte demnach zwischen 250 und 300 Mittelstreckenraketen, aber nur 10 bis 25 Interkontinentalraketen, »und diese Zahl wird sich in den nächsten Monaten nicht wesentlich erhöhen«.

Hinzu kam eine weitere Erkenntnis im September 1961: dass nämlich das sowjetische Frühwarnsystem gegenüber tief fliegenden Bombern nahezu wirkungslos war. 21 US-Bomber hätten demnach die 42 sowjetischen Raketenabschussbasen zerstören und die Sowjetunion praktisch wehrlos machen können – bei relativ geringen zivilen Opfern. Nach dem Abwurf der ersten amerikanischen Bombe, nachdem klar war, dass die Sowjetunion angegriffen würde, würden die Sowjets eine bis drei Stunden benötigen, um ihre Interkontinentalraketen abschussbereit zu machen – mehr als genug Zeit für die SAC-Bomber, sie zu zerstören.

Bei den Militärs führte dies in Washington damals zu Überlegungen, einen Präventivschlag zu führen. Bis zu diesem Zeitpunkt galt für die USA der Single Integrated Operation Plan-62 (SIOP-62). Dieser Plan – die Weiterentwicklung von »Dropshot« – war im April 1961 in Kraft getreten und wäre bei einem Erstschlag der Sowjetunion angewandt worden. Darin waren 1777 Ziele in allen Ländern des chinesisch-sowjetischen Blocks aufgelistet worden, mit der Mehrzahl der Ziele in der Sowjetunion. Innerhalb von 28 Stunden wären diese Länder von 2258 Flugzeugen und Raketen mit insgesamt 3423 Atom- und Wasserstoffbomben angegriffen worden. Man ging davon aus, dass 54% der sowjetischen Bevölkerung und 16% der chinesischen Bevölkerung getötet worden wären, bei 16 Millionen Toten in den USA.

Am 20. Oktober 1961 stellte der kommandierende General von SAC, Thomas Powers, klar, dass »jetzt und im kommenden Jahr die größte Gefahr eines sowjetischen Überraschungsangriffs besteht. Falls ein allgemeiner Atomkrieg unvermeidlich ist, dann sollten die USA jetzt zuschlagen.« Kennedy lehnte dies ab, ließ aber Pläne für einen begrenzten Erstschlag gegen die Sowjetunion ausarbeiten. Gleichzeitig hielt er es für notwendig, die Sowjetunion über die wirklichen Machtverhältnisse aufzuklären – allerdings, um die Dinge nicht zu sehr zu dramatisieren, nicht durch ihn selbst oder Verteidigungsminister McNamara, sondern durch den stellvertretenden Verteidigungsminister Roswell Gilpatrick. Die Warnung an Chruschtschow war deutlich. Die USA, so Gilpatrick am 21. Oktober, verfügten über eine atomare Vergeltungskraft von so tödlicher Wirkung, dass jeder feindliche Angriff ein Akt der Selbstvernichtung für den Angreifer wäre. Und dann zählte er auf: Hunderte von Interkontinentalbombern, die mit Kernwaffen jederzeit die Sowjetunion erreichen könnten; sechs mit 96 Atomraketen ausgerüstete Polaris-U-Boote, Dutzende von Interkontinental-Raketen, Flugzeugträger, 10 000 Atomwaffenträgern etc. Die Sowjets antworteten am 30. Oktober: Sie brachten eine 50-Megatonnen-Bombe zur Explosion. Das war militärisch allerdings vollkommen sinnlos und änderte am strategischen Verhältnis USA – Sowjetunion nichts – und das lautete 17:1.

Ein Jahr später wollte Chruschtschow dieses Verhältnis mit seinem Kuba-Abenteuer offensichtlich verbessern. Das Ergebnis ist bekannt.

Auch wenn in den folgenden Jahren viel von Détente die Rede war, Dokumente, die nach dem Ende der DDR bekannt wurden, lassen wenig von Entspannung auf östlicher Seite erkennen. Die Militärdoktrin des Warschauer Paktes in den 70er und 80er Jahren war expansiv ausgerichtet. Manöverpläne (Sojuz 83) zeigen sowjetische Pläne, wonach die französische Grenze in 13 bis 15 Tagen und die Pyrenäen in 35 bis 40 Tagen nach Kriegsausbruch erreicht werden sollten. Um die Verteidigungslinie der NATO in Deutschland zu durchbrechen, hätten die Sowjets 28 bis 75 Atombomben in einer ersten Welle und weitere 34 bis 100 in einer zweiten Welle eingesetzt. So standen den sowjetischen Truppen, die die 5. DDR-Armee unterstützten, 65 Atomraketen und etwa 20 Atombomben zur Verfügung. Die Pläne waren insgesamt sehr detailliert. Überrascht war man im Westen auch über die schiere Größe des Programms. Die 160 000 Mann starke NVA-Armee hatte demnach mehr Munition als die 500 000 Mann auf westlicher Seite. Die Pläne gingen so weit, dass es bereits neue Straßennamen in besetzten westdeutschen

Städten und Orden für die siegreichen DDR-Truppen gab. Es war sogar schon Besatzungsgeld gedruckt worden.

Auf dem Papier sah alles sehr eindrucksvoll aus, tatsächlich aber war die Sowjetunion nicht in der Lage, auf die Anforderungen moderner Militärtechnologie zu reagieren, die ohne Computer nicht mehr auskam. Die Sowjetunion konnte nicht einmal ansatzweise ähnliche Computertechnologie produzieren wie der Westen, ganz zu schweigen von der Zahl der Computer. Mikrocomputer führten zu einer neuen Revolution in der Waffentechnik. Ohne diese Computer aber hätte die Sowjetunion einen sehr viel langsameren Krieg führen müssen – und keinen Atomkrieg, der sie selbst zerstört hätte. Auf welch hohem Standard die westliche Militärtechnologie war, konnte der 1977 neu ernannte sowjetische Generalstabschef Nikolai Ogarkov am Beispiel des israelischen Sieges im Bekaatal im Libanon im Juni 1982 sehen. Die israelische Luftwaffe zerstörte 17 der 19 syrischen, von den Sowjets gelieferten Boden-Luft-Raketen-Abschussanlagen. Die Israelis hatten das von den USA gelieferte computergesteuerte Air-Battle-Management-System eingesetzt.

Die sowjetische Führung unter Chruschtschow und dann Breschnew war nicht fähig und nicht willens, neue Industriezweige zu entwickeln, da dies ungeahnte Konsequenzen für die Wirtschaft – und für das System insgesamt – gehabt hätte. So wurde der Begriff »wissenschaftlich-technische Revolution« zu einem »Unwort« und aus allen öffentlichen Dokumenten entfernt. Die sowjetischen Strategen wussten, dass sie den militärtechnischen Wettlauf mit dem Westen verlieren würden. Genauso kam es. Es kam hinzu – und das wussten die Sowjets nicht –, dass die USA unter Reagan den Sowjets im Spionagekrieg bewusst Pläne für hochmoderne Technologie zugespielt hatten, in die bestimmte Fehler eingebaut worden waren. So gaben die Sowjets z.B. mehr Geld für ein strategisches Raketenabwehrsystem aus als die USA für ihr SDI. Der Untergang der Sowjetunion war vorprogrammiert, ihr Scheitern systemimmanent.

Zeittafel

1945
4.–11. Februar: Konferenz der »Großen Drei«: Churchill, Roosevelt, Stalin in Jalta/Krim.
16. Juli: Erster erfolgreicher Atombombenversuch bei Alamogordo im US-Staat New Mexico.
17. 7.–2. August: Konferenz von Potsdam.
6. August: Atombombenabwurf auf Hiroshima.
9. August: Atombombenabwurf auf Nagasaki.

1946
22. Februar: »Langes Telegramm« von George F. Kennan.
5. März: »Eiserner Vorhang«-Rede von Churchill in Fulton/Missouri.

1947
12. März: Rede von US-Präsident Harry S. Truman vor dem Kongress (Truman-Doktrin).
5. Juni: US-Außenminister George C. Marshall kündigt an der Harvard-Universität ein Hilfsprogramm für Europa an (Marshallplan).
2. Juli: Der sowjetische Außenminister Molotow verlässt die Marshallplan-Konferenz in Paris.
27. September: Gründung des Kommunistischen Informationsbüros (Kominform).

1948
25. Februar: Kommunistischer Umsturz in der Tschechoslowakei.
24. Juni: Beginn der Blockade West-Berlins (»Luftbrücke«; bis Mai 1949).
15. August: Syngman Rhee ruft die Republik Südkorea aus.
9. September: Kim Il Sung ruft die Demokratische Volksrepublik Korea aus.

1949
4. April: Gründung der NATO.
Mai/Oktober: Gründung von BRD und DDR.
29. August: Sowjetischer Atombombenversuch.
1. Oktober: Mao ruft die Volksrepublik China aus.

1950
Frühjahr: NSC 68.
25. Juni: Beginn des Koreakrieges.
19. Dezember: Entscheidung für die Wiederbewaffnung der BRD.

1952
10. März: Stalin-Note (Angebot der Wiedervereinigung bei neutralem Deutschland).
1. November: USA zünden erste Wasserstoffbombe.

1953
5. März: Tod Stalins.
17. Juni: Volksaufstand in der DDR.
27. Juli: Waffenstillstand in Korea.
12. August: Sowjetunion zündet erste Wasserstoffbombe.

1955
9. Mai: BRD wird Mitglied der NATO.
14. Mai: Gründung des Warschauer Paktes.
15. Mai: Staatsvertrag für Österreich.
18.–23. Juli: Gipfelkonferenz in Genf.

1956
23. Oktober: Beginn des Ungarnaufstandes; von den Sowjets gewaltsam niedergeschlagen.
November: Suezkrise (Großbritannien, Frankreich, Israel).

1957
4. Oktober: Sowjetischer Satellit »Sputnik«.

1958
27. November: Sowjetisches Berlin-Ultimatum.

1960
1. Mai: Abschuss einer U-2 in der Sowjetunion.
16./17. Mai: Scheitern der Gipfelkonferenz in Paris.

1961
12. April: Sowjetischer Kosmonaut Juri Gagarin als erster Mensch im Weltraum.
13. August: Bau der Mauer in Berlin.

1962
14. Oktober: U-2 entdeckt sowjetische Atomraketen auf Kuba. »Kubakrise« bis 28. Oktober.

1963
20. Juni: »Heißer Draht« zwischen Washington und Moskau eingerichtet.
5. August: Atomtestabkommen.

1965
8. März: Die ersten 3500 US-Kampftruppen in Südvietnam.

1967
5. Juni: Beginn des 6-Tage-Krieges.

1969
20. Juli: US-Mondlandung.

1970
12. August: Moskauer Vertrag (Bonner »Ostpolitik«).

1971
3. September: Viermächte-Abkommen über Berlin.

1972
21.–28. Februar: Nixon in Peking.
26. Mai: Nixon in Moskau. SALT-I-Vertrag.

1973
27. Januar: Waffenstillstandsabkommen betr. Vietnam.

1975
1. August: KSZE-Schlussakte in Helsinki unterzeichnet.

1979
26. März: Carter, Begin und Sadat unterzeichnen in Washington Friedensvereinbarung.
18. Juni: Carter und Breschnew unterzeichnen in Wien SALT-II-Vertrag.
12. Dezember: NATO-Doppelbeschluss.
27. Dezember: Einmarsch der Sowjetunion in Afghanistan.

1983
23. März: Reagan kündigt Raketenabwehrsystem SDI an.

1985
19. November: Erstes Treffen zwischen Reagan und Gorbatschow in Genf.

1987
8. Dezember: Reagan und Gorbatschow unterzeichnen INF-Vertrag: Abschaffung aller Mittelstreckenraketen in Europa.

1989
9./10. November: Fall der Mauer in Berlin.

1990
3. Oktober: Wiedervereinigung Deutschlands.

1991
31. März: Ende des Warschauer Paktes.
21. Dezember: Ende der Sowjetunion, Rücktritt Gorbatschows.

GLOSSAR

Abrüstung – SALT I beziehungsweise II (Strategic Arms Limitation Talks): Begrenzung der strategischen Atomwaffen. SALT I wurde 1972 in Moskau von Nixon und Breschnew unterzeichnet, SALT II 1979 in Wien von Carter und Breschnew. SALT II wurde jedoch von keiner Seite ratifiziert. Gorbatschow und Reagan unterzeichneten im Dezember 1987 den historischen INF-Vertrag (Intermediate-Range Nuclear Forces Treaty), der zum Abbau der Mittelstreckenraketen in Europa führte. Ein Jahr nach Ende des Kalten Krieges unterzeichneten Gorbatschow und Bush noch den START-I-Vertrag (Strategic Arms Reduction Talks). START II folgte 1993, wurde aber von den Russen nicht mehr ratifiziert. *s. S. 36, 42, 50*

Berlinblockade – Seit Juni 1948 sowjetische Totalblockade West-Berlins. *s. S. 16ff., 106*

Breschnew-Doktrin – Begrenzte Souveränität der sozialistischen Länder. *s. S. 37, 51*

Brüsseler Pakt – Im März 1948 geschlossenes Bündnis zwischen Großbritannien, Frankreich und den Beneluxstaaten; Vorstufe zur NATO. *s. S. 21*

Carter-Doktrin – Militärische Verteidigung der Region am Persischen Golf durch die USA 1980. *s. S. 44*

CIA – ▸Spionage. *s. S. 19f., 62f., 108*

COCOM (Coordinating Committee for Multilateral Export Controls) – Bezeichnung des NATO-Unterausschuss, der festlegte, welche strategischen Güter nicht exportiert werden durften (COCOM-Liste). *s. S. 49*

Containment – Ab 1946/47 Strategie der USA zur Eindämmung der als aggressiv-expansionistisch beurteilten sowjetischen Politik; formuliert vom Leiter des Politischen Planungsstabes des State Department George F. Kennan. *s. S. 10, 16ff.*

Domino-Theorie – Von US-Präsident Eisenhower am 7. 4. 1954 verkündet: Wenn ein Staat »fällt«, das heißt kommunistisch wird, fallen die Nachbarstaaten wie Dominosteine; unter anderem basierte die Vietnampolitik auf dieser Prämisse. *s. S. 93*

Eisenhower-Doktrin – Ermächtigung aus dem Jahr 1957, gegen eine vom internationalen Kommunismus gestartete Aggression eines Landes im Nahen Osten militärisch vorzugehen. *s. S. 31*

Eiserner Vorhang – Der Begriff zur Bezeichnung des Kalten Krieges, der von Winston Churchill in seiner Rede am 5. 3. 1946 in Fulton/Missouri benutzt wurde. Churchill selbst erwähnte diesen Begriff bereits in Telegrammen an US-Präsident Harry S. Truman, und davor benutzte ihn bereits NS-Propagandaminister Joseph Goebbels im Februar 1945. *s. S. 13f.*

EVG (Europäische Verteidigungsgemeinschaft) – Im Mai 1952 unterzeichnet, im August 1954 gescheitert. Die BRD wurde daraufhin Mitglied der NATO. *s. S. 29*

ExComm – Arbeitsgruppe um Präsident Kennedy während der Kubakrise. *s. S. 81, 84, 86f.*

INF – ▸ Abrüstung. *s. S. 50*

Iran-Krise – Internationale Krise im Frühjahr 1946. Die Sowjetunion weigerte sich nach Kriegsende, ihre Truppen, wie vereinbart, bis spätestens 2. März 1946 aus dem Iran abzuziehen. *s. S. 8f.*

Jalta-Konferenz – Konferenz der »Großen Drei« (Churchill, Stalin, Roosevelt) vom 4. – 11. 2. 1945. Später als Beginn der »Teilung der Welt« bezeichnet, was so allerdings nicht zutrifft. *s. S. 5, 11*

Kalter Krieg – Der Ausdruck geht zurück auf US-Präsidentenberater Bernard M. Baruch (Juni 1947: »Russia is waging a cold war against us«) und den Buchtitel The Cold War. A Study in US Foreign Policy (1947) des amerikanischen Journalisten Walter Lippmann. Der Begriff selbst ist an sich älter und wurde bereits Ende des 19. Jahrhunderts vom deutschen Sozialdemokraten Eduard Bernstein benutzt, als er meinte, dass das Wettrüsten in Europa zu einem »Kalten Krieg« geführt habe, »in dem zwar nicht geschossen, aber geblutet wird«. Zwei Jahre vor Lippmann hatte schon George Orwell über einen möglichen Atomkrieg nachgedacht und »vor einem Frieden, der kein Friede ist« gewarnt. Dies hatte auch er »Cold War« genannt. *s. S. 2*

Kominform – Kommunistisches Informationsbüro, das als Reaktion auf die westliche Eindämmungspolitik mit Truman-Doktrin und Marshallplan am 30. September 1947 von den kommunistischen Parteien gegründet wurde. *s. S. 19*

KSZE (Konferenz für Sicherheit und Zusammenarbeit in Europa) – 35 Teilnehmerstaaten, die am 1. 8. 1975 in Helsinki die Schlussakte unterschrieben. *s. S. 40f.*

Langes Telegramm – Telegramm von George F. Kennan vom 22. 2. 1946. *s. S. 8, 12*

Manhattan Project – Codename für die Entwicklung der Atombombe; benannt nach dem ersten Büro des Unternehmens, das sich eher zufällig im New Yorker Stadtteil Manhattan befand. *s. S. 103f.*

Marshallplan – Ausgehend von einer Rede des US-Außenministers George C. Marshall in Harvard am 5. Juni 1947. Hilfsprogramm für Europa. *s. S. 8, 16ff., 54ff.*

***Massive Retaliation* (massive Vergeltung)** – Die NATO-Strategie, wonach jeder Angriff auf eines der NATO-Mitgliedsländer mit einem vernichtenden Atomschlag beantwortet werden sollte. *s. S. 26ff.*

McCarthyismus – Nach dem republikanischen Senator Joseph R. McCarthy, der als Vorsitzender des Senatsausschusses für »unamerikanische Umtriebe« in der ersten Hälfte der fünfziger Jahre eine antikommunistische Hexenjagd in den USA betrieb. *s. S. 26*

NATO (North Atlantic Treaty Organization) – Nordatlantische Verteidigungsgemeinschaft, am 4. April 1949 von den USA, Großbritannien, Frankreich, Italien, Belgien, Kanada, Dänemark, Island, Luxemburg, den Niederlanden, Norwegen und Portugal gegründet. Neue Mitglieder: Griechenland, Türkei (1952), Bundesrepublik Deutschland (1955), Spanien (1982). Polen, Ungarn, Tschechien (1999), Estland, Lettland, Litauen, Bulgarien, Rumänien, Slowakei und Slowenien wurden Ende 2002 eingeladen, der Allianz beizutreten. *s. S. 23, 41ff., 67*

NATO-Doppelbeschluss – Beschluss der NATO vom 12. 12. 1979. Als Reaktion auf die Stationierung sowjetischer Mittelstreckenraketen vom Typ SS-20 sollten amerikanische Pershing-II-Raketen und Marschflugkörper in Europa aufgebaut werden, falls Abrüstungsgespräche nicht zum Abbau der sowjetischen Raketen führen würden. *s. S. 43, 51*

NSC 68 – Dokument Nr. 68 des US-Nationalen Sicherheitsrates (NSC) vom Frühjahr 1950. Darin wurde eine massive Aufrüstung der USA gefordert als Reaktion auf die sowjetische Atombombe und den »Verlust« Chinas. Dieses Dokument wurde zur Blaupause der gesamten amerikanischen Außenpolitik für die folgenden Jahrzehnte. Es ist eines der wichtigsten Dokumente des Kalten Krieges und wurde erst 1977 veröffentlicht. *s. S. 23f., 67*

OEEC (Organisation for European Economic Cooperation) – Organisation für Europäische Wirtschaftliche Zusammenarbeit: 1948 in Paris gegründete Organisation zur Abwicklung der Marshallplan-Hilfe. Die OEEC spielt eine wichtige Rolle beim wirtschaftlichen Wiederaufbau Europas nach dem Krieg.

Operation »Anadyr« – Stationierung sowjetischer Atomraketen auf Kuba. *s. S. 79*

Operation »MONGOOSE« – Plan für Invasion Kubas. *s. S. 77*

Operation »ZAPATA« – Gescheiterte Invasion Kubas. *s. S. 76*

Potsdam-Konferenz – Konferenz in Potsdam vom 17. Juli bis 2. August 1945; letzte große Kriegskonferenz. Teilnehmer waren Truman, Stalin und Churchill beziehungsweise Attlee. In Bezug auf Deutschland und Japan wurden grundlegende Entscheidungen getroffen. Potsdam war ein wichtiger Schritt auf dem Wege zum Kalten Krieg. *s. S. 6f.*

Reagan-Doktrin – Die Sowjetunion im großen Stil bekämpfen, um den Kalten Krieg zu gewinnen. *s. S. 47f.*

Roll-back – Von US-Außenminister John Foster Dulles 1953 formulierte Doktrin: Steigerung der Eindämmungspolitik mit dem Ziel, die vom Kommunismus unterdrückten Völker zu befreien. *s. S. 26ff., 107*

Rolling Thunder – Luftangriffe gegen Nordvietnam. *s. S. 95*

Russische Gefahr – Britische Bedrohungsanalyse 1945/46. *s. S. 15*

RYAN – Russisches Akronym für überraschenden Nuklearangriff. *s. S. 49*

SALT – ▸Abrüstung. *s. S. 36ff., 41ff., 101*

SDI (Strategic Defense Initiative) – Raketenabwehrsystem. *s. S. 49, 111*

SEATO (South East Asia Treaty Organization) – Von den USA nach der Genfer Konferenz 1954 gegründet. Mitglieder waren die USA, Australien, Frankreich, Großbritannien, Pakistan, die Philippinen und Thailand. Die SEATO sollte die asiatische Ergänzung zur NATO sein. *s. S. 67*

SIOP-62 – Single Integrated Operation Plan-62. US-Strategie für den Fall eines sowjetischen Nuklearangriffs. *s. S. 109*

Spionage – Die wichtigsten Geheimdienstorganisationen des Kalten Krieges waren auf sowjetischer Seite der KGB mit dem weltweit größten Agentennetz. Von den vielen Aktionen war sicherlich jene die erfolgreichste, die Kenntnisse über das Atombombengeheimnis brachte, das es der Sowjetunion ermöglichte, schon 1949 eine eigene Atombombe zur Explosion zu bringen (Ted Hall und Klaus Fuchs). Auf US-Seite wurde mit dem National Security Act im Jahr 1947 die Central Intelligence Agency (CIA) gegründet. Sie wurde die wichtigste von zahlreichen anderen Diensten, unter ihnen die Defense Intelligence Agency (DIA), das Federal Bureau of Investigation (FBI) und die National Security Agency (NSA). Die CIA war bei zahlreichen verdeckten Operationen in verschiedenen Ländern tätig und verantwortlich für die erfolgreichen Flüge des Spionageflugzeuges U-2 und dessen Nachfolger, die SR-71.

In Großbritannien gab es den MI 5 – und die sowjetischen Agenten Donald MacLean, Guy Burgess und Kim Philby. Der wichtigste sowjetische Agent für den Westen war Oberst Oleg Penkowsky (»IRONBARK«), der Informationen über den militärischen Stand der Sowjetunion in den frühen Sechzigern lieferte. Auf der anderen Seite war es ein Offizier der US-Navy, John Anthony Walker, der fast 25 Jahre dem KGB Informationen zuspielte, genau so wie der CIA-Angehörige Aldrich Ames, dessen Informationen zum Tod zahlreicher CIA-Agenten in der Sowjetunion führten. Ames sitzt eine lebenslange Haftstrafe ab. *s. S. 19, 62f., 108*

START – ▸Abrüstung. *s. S. 50*

Trinity Test – Codename für den ersten Atombombentest am 16. 7. 1945. Vom wissenschaftlichen Leiter, J. Robert Oppenheimer, aus einem Sonett von John Donne ausgesucht. Eine Zeile lautet: »Batter my heart, three-person'd God.« *s. S. 105*

Truman-Doktrin – Begründet in der Rede von US-Präsident Harry S. Truman am 12. 3. 1947 vor dem amerikanischen Kongress. Entschlossenheit der USA, den vom Kommunismus bedrohten Staaten Hilfe zu leisten; Teil der containment-Politik. *s. S. 8, 16ff.*

War Powers Act – 1973 vom US-Kongress verabschiedet. Damit wird jedem US-Präsidenten eine militärische Intervention im Ausland erschwert. *s. S. 103*

Warschauer Pakt – Am 14. 5. 1955 gegründete Militärallianz als Gegengewicht zur NATO. Gründungsmitglieder waren die Sowjetunion, Albanien, Bulgarien, die Tschechoslowakei, Ungarn, Polen, Rumänien und die DDR. Mit dem Ende des Kalten Krieges wurde der Pakt am 31. 3. 1991 aufgelöst. *s. S. 29, 52, 110*

Zweite Front – Sie sollte die Rote Armee entlasten. Roosevelt hatte dies Stalin bereits im Mai 1942 zugesagt. Im Juni 1944 wurde diese Zusage allerdings erst eingelöst. Für Stalin war diese Verzögerung Anlass für wachsendes Misstrauen gegenüber den Westalliierten. *s. S. 4, 6, 11*

Personenregister

ALLGEMEIN

Aldrich, Richard J.: The Hidden Hand. Britain, America, and Cold War Secret Intelligence. Woodstock/New York 2002.

Friedman, Norman: The Fifty Year War. Conflict and Strategy in the Cold War. Annapolis, Maryland 2000.

Gaddis, John Lewis: We now know. Rethinking Cold War History. Oxford 1997.

Garton Ash, Timothy: Im Namen Europas. Deutschland und der geteilte Kontinent. Frankfurt am Main 1995.

Görtemarker, Manfred: Internationale Beziehungen I. Der Ost-West-Konflikt (Informationen zur politischen Bildung, Nr. 245). Bonn 1994.

Hopkins, Michael / Kandiath, Michael: D. /Staerck, Gillian (Hg.): Cold War Britain, 1945–1964. London 2003.

Isaacs, Jeromy/Downing, Taylor: Der Kalte Krieg. Eine illustrierte Geschichte, 1945–1991. München/Zürich 1999.

Larres, Klaus/Lane, Ann: The Cold War. The Essential Readings. Oxford 2001.

Loth, Wilfried: Die Teilung der Welt 1941–1955. München 2000.

Loth, Wilfried: Helsinki, 1. August 1975. Entspannung und Abrüstung. München 1998.

Powaski, Ronald E.: The Cold War. The United States and the Soviet Union 1917–1991. New York/Oxford 1998.

Steininger, Rolf: Deutsche Geschichte 1945 bis zur Gegenwart. Vier Bände. Frankfurt am Main 2002.

Subok, Vladislaw/Pleschakow, Constantin: Der Kreml im Kalten Krieg. Von 1945 bis zur Kubakrise. Hildesheim 1997.

DER BEGINN DES KALTEN KRIEGES

Dülffer, Jost: Jalta, 4. Februar 1945. Der Zweite Weltkrieg und die Entstehung der bipolaren Welt. München 1998.

Reynolds, David (Hg.): The Origins of the Cold War in Europe. International Perspectives. New Haven 1994.

TRUMAN

Hamby, Alonzo L.: Man of the People. A Life of Harry S. Truman. Oxford 1995.

Leffler, Melvyn P.: A Preponderance of Power. National Security, the Truman Administration, and the Cold War. Stanford 1992.

McCullough, David: Truman. New York 1992.

Offner, Arnold A.: Another Such Victory. President Truman and the Cold War, 1945–1953. Stanford 2002.

MARSHALLPLAN

Maier, Charles/Bischof, Günter (Hg.): Deutschland und der Marshall-Plan. Baden-Baden 1992.

Schröder, Hans Jürgen (Hg.): Marshallplan und westdeutscher Wiederaufstieg. Stuttgart 1990.

KOREAKRIEG

Chen, Jian: China's Road to the Korean War. The Making of the Sino-American Confrontation. New York 1994.

Shu, Guang Zhang: Mao's Military Romanticism. China and the Korean War, 1950–1953.

Thomas, Evan: The Very Best Men. Four Who Dared. New York 1995.

STALIN

Divine, Robert A.: The Sputnik Challenge. Eisenhower's Response to the Soviet Satellite. Oxford 1993.

Holloway, David: Stalin and the Bomb. New Haven 1994.

Mastny, Vojtech: The Cold War and Soviet Insecurity. The Stalin Years. New York/Oxford 1996.

Pocock, Chris: Dragon Lady. The History of the U-2 Spy Plane. Shrewsbury 1989.

Literaturhinweise

CHURCHILL

Larres, Klaus: Churchill's Cold War. The Politics of Personal Diplomacy. New Haven / London 2002.

BERLINKRISE

Steininger, Rolf: Der Mauerbau: Die Westmächte und Adenauer in der Berlinkrise 1958–1963. München 2001.

Beschloss, Michael R.: Powergame. Kennedy und Chruschtschow – die Krisenjahre 1960–1963. Düsseldorf 1991.

KUBAKRISE

Brauburger, Stefan: Die Nervenprobe. Schauplatz Kuba: Als die Welt am Abgrund stand. Frankfurt am Main/New York 2002.

May, Ernest R./Zelikow, Philip D. (Hg.): The Kennedy Tapes. Inside the White House during the Cuban Missile Crisis. Cambridge, Mass./London 1997.

Fursenko, Alexandr/Naftaly, Timothy: »One Hell of a Gamble«. Krushchev, Castro, and Kennedy, 1958–1964. New York 1997.

VIETNAMKRIEG

Frey, Marc: Geschichte des Vietnamkrieges. Die Tragödie in Asien und das Ende des amerikanischen Traums. München 1998, 2000⁵.

Rhodes, Richard: Dark Sun. The Making of the Hydrogen Bomb. New York 1995.

Schulzinger, Robert D.: A Time For War. The United States and Vietnam 1941–1975. Oxford 1997.

DAS ENDE DES KALTEN KRIEGES

Beschloss, Michael R./Strobe, Talbott: Auf höchster Ebene. Das Ende des Kalten Krieges und die Geheimdiplomatie der Supermächte 1989–1991. Düsseldorf 1994.

Ellwood, David: Rebuilding Europe. Western Europe, America, and Postwar Reconstruction. Harlow 1992.

Garton Ash, Timothy: Ein Jahrhundert wird abgewählt. Aus den Zentren Mitteleuropas. München 1990.

INTERNETADRESSEN

www.ifz-innsbruck.at

www.cnn.com/SPECIALS/cold.war

www.gwu.edu/~nsarchiv

www.fas.harvard.edu/~hpcws

http://cwihp.si.edu/default.htm

www.isn.ethz.ch/php

www.coldwar.org

www.fsk.ethz.ch

http://learningcurve.pro.gov.uk/coldwar/default.htm

Abbildungsnachweise: S. 7: Institut für Zeitgeschichte der Universität Innsbruck; alle anderen Bilder: National Archives, Washington, D. C.